RENAUD,

Licencié en droit, Notaire honoraire de 1re classe, et ancien Maire de la commune de Burgille-les-Marnay.

A SES ENFANTS.

Mes chers Enfants,

Depuis bien des années, (1) j'ai formé la résolution de vous faire le récit de toutes les vexations et de toutes les injustices que j'ai éprouvées pendant l'exercice de mes fonctions de notaire à Besançon et depuis, soit de la part d'un avocat qui m'en a toujours voulu depuis que je me suis permis de blâmer sa conduite dans un mémoire, auquel il n'a rien pu répondre; soit de la part de la Cour royale, trompée par les

---

(1) Cet écrit, fait pendant l'hiver dernier, allait être livré à l'impression quand la révolution de février a éclaté. Ce grand événement m'a jeté, comme tous les citoyens, dans de graves préoccupations, et la publication de mon travail a été retardée de deux mois.

1848

mensonges éhontés et les sarcasmes continuels débités à la barre par ce même avocat, et qui, elle-même, s'est peut-être trop ressouvenu que je m'étais plaint à l'audience de ce qu'on aurait ajouté une nouvelle disposition à un arrêt rendu par la seconde chambre, plus de deux mois après qu'il avait été rédigé et signé, enregistré, expédié et signifié tant aux avoués qu'aux parties.

Quoique dans ma soixante-dix-neuvième année, j'ajournais toujours, pour rédiger cet écrit, néanmoins nécessaire pour faire connaître la vérité; nullement habitué à ce genre de travail, je m'en épouvantais ; il a fallu pour me sortir de cette léthargie, ou, si l'on veut, de ma paresse, le nouveau coup de boutoir qui m'est survenu récemment de la part du parquet.

Enfin, m'y voilà. L'antipathie ou l'animadversion d'une partie de MM. les magistrats de la Cour royale venant principalement des procès que j'ai eus à soutenir contre le frère et les sœurs Cretin, de Vuillafans, et contre le banqueroutier Breux, de Dijon, je commencerai par ces deux affaires.

AFFAIRE DES CRETIN.

Les enfants Cretin, de Vuillafans, étaient au nombre de trois ; deux filles (c'étaient les aînées) et un garçon qui était le cadet. Tous trois étaient majeurs, tous trois étaient sans conduite : déjà, ils avaient dissipé, en peu de temps, la double succession de leurs père et mère, décédés; déjà, ils s'étaient débarasés du mobilier considérable, des créances et de l'argent comptant délaissés par leur oncle maternel, M. Bassand, curé de la paroisse de Vuillafans, duquel ils étaient seuls et uniques héritiers; déjà, ils avaient constitué, sur les biens-fonds de ce digne pasteur, tant et tant de dettes, qu'il ne se trouvait pas moins de 55 inscriptions au bureau des hypothèques, quand, pour fuir les visites trop importunes que leur faisait continuellement la cohue de leurs créanciers, ils prirent le parti de venir se fixer à Besançon, où ils stationnaient de cabarets en cabarets, de gargotes en gargotes, et presque toujours ne payant nulle part.

Au nombre de leurs créanciers, figurait certain quidam, véritable chevalier d'industrie, ayant dit se nommer M. Vichot de la Bretenière; ce faiseur d'affaires avait promis aux Cretin de leur procurer un prêteur unique qui devait leur prêter une somme suffisante pour éteindre toutes les dettes hypothécaires, et leur donner un long terme, afin qu'ils pussent, à leur tour, en accorder à ceux qui se porteraient adjudicataires du domaine de Vuillafans, qu'ils se proposaient de mettre en vente par le détail. Pour prix de ce service *à venir et qui vient toujours*, le sieur Vichot avait exigé, modestement, une somme de 3,000 francs, pour sûreté de laquelle somme il leur fit souscrire, à son profit, une obligation notariée, qu'il s'empressa de faire passer au bureau des hypothèques et qui fait nombre dans les cinquante-cinq inscriptions dont on vient de parler.

Pour savoir si le prix du domaine de M. le curé

suffirait pour acquitter la totalité des créances inscrites, sauf celle de Vichot qu'on regardait comme nulle, puisque rien n'avait été fait, on avait procédé à son estimation approximative, pièce par pièce, et on avait reconnu qu'il serait suffisant et même au-delà, pour tout payer ; mais qu'il fallait, pour ne pas être exposé à se trouver court, éviter nécessairement les expropriations forcées et les procès-verbaux d'ordre, à cause des frais énormes qu'occasionnent ces sortes d'opérations quand elles sont faites en justice, surtout quand on trouve au bureau des hypothèques 55 élections de domicile.

On conseilla donc aux Cretin d'employer le ministère d'un notaire, et d'exécuter ces diverses opérations à l'amiable ; il fut même décidé que les enchères seraient faites sur les lieux, dans la commune de Vuillafans.

C'est alors que les trois Cretin vinrent me proposer cette commission, que j'acceptai, en leur promettant de me rendre à Vuillafans le jour indiqué par les affiches.

Arrivé dans cette commune, résidence d'un des notaires du canton d'Ornans, ma première démarche fut d'aller visiter ce confrère et de lui proposer de faire les ventes avec moi de compte-à-demi, c'est-à-dire, en partageant les honoraires par moitié ; ma proposition ayant été acceptée, je m'occupai de suite du cahier des charges dont la clause essentielle était d'astreindre les adjudicataires à verser, entre mes mains, le prix des adjudications, pour être par moi employé à payer les créanciers hypothécaires, au moyen d'un ordre amiable qui serait réglé à Besançon en mon étude, les vendeurs présents.

Cela ainsi établi, les enchères furent ouvertes, et les adjudications commencées à l'extinction des feux ; mais avant de mettre en vente les deux derniers articles qui étaient deux fonds situés sur Montgesoye, ayant vu que les enchères faites jusqu'alors avaient déjà beaucoup produit, nous fûmes curieux de connaître à quelles sommes elles se portaient ; et ayant trouvé qu'il y avait de quoi tout payer, les deux fonds restants furent mis de côté, et mon procès-verbal clos, arrêté et signé des parties.

Peu de jours après, j'avais convoqué en mon étude, tant les adjudicataires que les créanciers inscrits ; les premiers, pour apporter le prix de leurs acquisitions, et les autres pour recevoir ce qui leur était dû ; mais la veille du jour indiqué, je vois arriver chez moi les sœurs Cretin tenant à la main deux copies à elles signifiées d'un jugement sur requête, obtenu par le sieur Vichot, en vertu de son obligation de 3,000 francs, portant, ledit jugement, que provisoirement une somme de 4,000 francs, prise sur le produit des ventes, serait mise en réserve pour faire face, s'il y avait lieu, à sa créance de 3,000 francs, aux intérêts en résultant et aux frais.

Cet incident m'arrêta tout court dans mes opérations ; impossible à moi de procéder à un ordre amiable si, préalablement, je n'ai pas en mains de quoi payer la totalité des créances inscrites et obtenir la main-levée de toutes les inscriptions hypothécaires, puisqu'il aurait suffi d'un seul non payé, pour faire, à tous les adjudicataires, les sommations légales d'avoir à payer ou délaisser, poursuivre des surenchères, mettre en expropriation les deux immeubles retirés de la vente, faire ouvrir, en justice, un procès-verbal d'ordre, etc., etc. Que faire en pareille occurrence ? Demander, de suite, la nullité de l'obligation de 3,000 francs comme subreptice et frauduleuse? mais cette procédure compliquée serait nécessairement fort longue, d'autant plus qu'elle nécessiterait une enquête, un interrogatoire sur faits et articles ; qu'elle pourrait aller en appel, etc., etc. Apposer de nouvelles affiches, provoquer de nouvelles enchères pour les deux fonds non vendus, cela eut aussi pris des délais, sans être sûr de trouver des adjudicataires ; et pendant ce temps-là, les créanciers pourraient s'impatienter et faire des frais. Un autre inconvénient, c'est que les sommes dues hypothécairement, portaient intérêts au préjudice des Cretin, tandis que celles dues par les adjudicataires qui avaient acheté au comptant et dont l'argent était prêt, n'en portaient pas ; nouvelle perte qu'ils eussent éprouvée.

Ayant fait part de ces réflexions tant aux Cretin, qu'aux trois conseils qui les avaient aidés et assistés tout le temps des enchères, et qui étaient 1° M. Gaspard Conscience, leur avoué ; 2° M. Bardey, leur parent, horloger à Besançon ; et 3° M. Maire, notaire à Vuillafans, qui avait toujours eu la confiance de cette famille ; et leur ayant dit que je savais un moyen facile de sortir d'embarras, sans courir après des acquéreurs qui, ordinairement, veulent avoir la chose moitié pour rien, surtout quand on va la leur offrir ; que ce moyen était de trouver un capitaliste assez confiant pour fournir de suite les 3,000 francs qui me manquaient, en lui faisant une vente, à titre de rachat, des deux immeubles retirés des enchères, valant ensemble 6,000 francs, le double de ce qu'on lui en aurait demandé ; et en prenant deux ans pour rembourser les 3,000 francs, on aurait, et même au-delà, le temps nécessaire pour trouver un acheteur sérieux, qui porterait ces fonds à leur juste prix, sauf, au pis aller, à recourir à de nouvelles affiches.

Ma proposition ayant été approuvée d'une voix unanime, je trouvai bientôt après le capitaliste, qui voulut bien, à ma sollicitation, se prêter à rendre ce service aux Cretin, toute équivoque qu'était leur réputation. En conséquence, les deux fonds lui furent vendus aux conditions ci-dessus; seulement j'ajoutai verbalement, que M. Lefaivre ne me compterait le prix de son acquisition qu'au fur et à mesure que l'argent me manquerait, mon intention étant de laisser tout l'excédant aux Cretin, qui étaient toujours assaillis par leurs nombreux créanciers.

Ce préliminaire indispensable étant ainsi réglé, j'appelai de nouveau, en mon étude, et les adjudicataires, pour apporter leur argent, et les hypothécaires pour venir toucher ce qui leur était dû et signer la main-levée de leurs inscriptions.

J'autorisai d'abord M. Bel, qui avait acheté pour plus de 10,000 francs, à retenir, entre ses mains, les 4,000 fr. que le tribunal avait ordonné de mettre en réserve, dans l'intérêt du sieur Vichot, si toutefois il lui était dû quelque chose. Ensuite, je procédai très paisiblement à la double opération qui m'était confiée, toujours en présence des vendeurs et des trois conseillers dont ils se faisaient constamment assister. Ce travail dura près d'une semaine. La principale occupation des Cretin, pendant tout ce temps, consistait à solliciter des réductions et des gratifications de la part de leurs créanciers, à mesure qu'ils me voyaient leur compter de l'argent : je m'aidais aussi et de mon mieux à apitoyer ces créanciers sur la fâcheuse position des Cretin, dont la détresse et la misère se voyaient aussi bien sur leurs visages que sur leurs vêtements ! Cette espèce de quête nous réussit si bien qu'au lieu des 3,000 francs mis à ma disposition chez M. Lefaivre, je n'eus besoin, pour tout solder, que de 1,525 francs.

Le surplus, qui était de 1,475 francs, fut remis aux Cretin, qui en employèrent une partie à apaiser les plus criards de leurs créanciers cédulaires, nourrisseurs, cabaretiers, aubergistes, etc., etc.

J'aurais pu, si je l'eusse voulu, me faire remettre encore, par M. Lefaivre, ce que me restaient devoir les Cretin, y compris mes vacations à cette dernière opération ; mais je n'en voulus rien faire tant je sentais pressants les besoins de ces malheureux, bien que par leur faute ; je préférai d'attendre à mes risques et périls.

Malgré cela, la somme nantie par M. Lefaivre ne dura pas longtemps ; huit jours ne s'étaient pas écoulés, que déjà les Cretin n'avaient plus le sou, et étaient chez moi à me demander s'il ne me restait pas quelque argent entre les mains ; qu'ils en avaient un besoin pressant, et qu'il leur en fallait, coûte que coûte.

Leur ayant fait voir qu'il ne me restait plus rien entre les mains, et même qu'au lieu d'être leur débiteur, je me trouvais être leur créancier, ne fut-ce que de mes vacations à l'ordre amiable qui avait eu lieu en mon étude, je les adressai à M. Lefaivre, qui, comme acquéreur à réméré, pour 3,000 francs, de deux fonds qui valaient le double de cette somme, n'aurait couru aucun danger en leur faisant quelques avances à valoir sur le supplément du prix, ou la plus-value des fonds par lui acquis; mais M. Lefaivre refusa tranchément.

Fachés de ce refus, fait peut-être un peu durement, les Cretin courent de suite tout raconter à leur avocat, en lui répétant qu'il leur fallait de l'argent, nécessairement; celui-ci leur dit qu'il fallait commencer par me demander mon compte; cette demande assez naturelle me fut faite le même jour; les Cretin ne perdirent pas une minute.

La vérification de ce compte était si simple, si facile, et le compte tellement clair que je ne voulus pas d'autre vérificateur que le propre avocat des Cretin. La décision de leur défenseur me suffisait. Leur ayant demandé qui il était, ils me répondirent que c'était M. l'avocat Demesmay (Donat), qu'ils disaient être *leur pays*, parce que, comme eux, il sortait de la montagne. Je leur dis, alors, qu'il me fallait deux jours, tant pour tirer ce compte au net, que pour mettre en ordre les pièces justificatives qui y étaient jointes; le troisième jour, je portai le tout à M. l'avocat Demesmay, qui me reçut très poliment, me remercia de la confiance que je lui accordais, en me disant qu'il n'en abuserait pas. Pour faire cette vérification, il demanda huit jours, que j'accordai bien volontiers. La huitaine écoulée, j'allai le trouver dans son cabinet, pour lui demander le résultat de son travail; mais il s'excusa sur ses nombreuses occupations; rien n'était fait; il demanda une nouvelle huitaine qui lui fut accordée. Après cette seconde semaine, il en demanda une troisième, puis une quatrième, puis une cinquième, disant toujours qu'il n'avait pas eu le temps de s'en occuper. À la fin de la cinquième

semaine, je voulus reprendre mes pièces, désespérant de jamais en finir avec cet avocat; mais M. Demesmay fit tant d'instances pour les conserver encore une toute dernière semaine, engageant sa parole d'honneur qu'alors, et pour le certain, la vérification serait terminée, que je consentis encore à donner ce dernier délai. (On verra plus loin que lors même que j'aurais insisté pour reprendre mes pièces, l'avocat s'était mis dans l'impossibilité de les reproduire toutes pour le moment.) Cette dernière huitaine étant écoulée, je me transportai, pour la sixième fois, chez le défenseur de mes parties adverses; mais je ne trouvai plus le même homme. Après m'avoir reçu froidement, avec une figure renfrognée, il se borna à me dire : « Monsieur,
» voilà votre compte et vos pièces justificatives; elles y
» sont toutes; reprenez-les ; je ne veux pas me charger
» d'une pareille affaire. » J'eus beau faire des demandes, des questions, des pourquoi? il ne voulut rien m'expliquer.

Rentré à la maison tout désappointé, mes dossiers sous le bras, je ne savais qu'imaginer. J'avais beau me creuser la tête pour deviner les raisons qui pouvaient avoir déterminé M. Demesmay à repousser une mission qui était toute dans l'intérêt de ses clients, je ne trouvais rien, absolument rien. Curieux de savoir s'il n'aurait pas touché au compte pendant les quarante jours qu'il avait été en son pouvoir, je le sors de la liasse pour l'examiner attentivement, et j'y trouve, en marge de sept articles différents, ces mots : *à vérifier*, *à examiner*, écrits de la main de M. Demesmay; mais c'était tout, et cela n'apprenait rien. Cette subite métamorphose de M. l'avocat était pour moi une énigme inextricable ; mais le mot ne s'en est pas fait attendre longtemps : dès le lendemain, un commandement en bonne forme avait été signifié à M. Lefaivre, et, un jour après, une saisie-exécution pratiquée sur ses meubles et effets.

Les deux exploits me sont envoyés par M. Lefaivre, qui ne revenait pas de ce que les Cretin le faisaient saisir pour avoir payement de la somme que déjà il avait versée entre mes mains, et qui avait été par moi, en leur présence et de leur consentement, employée à payer leurs créanciers hypothécaires. Mais cet incident nécessite une explication plus spéciale; c'est ici qu'on va connaître le savoir faire de M. l'avocat Demesmay.

Après avoir vérifié les sept articles qui, au premier coup d'œil, lui avaient paru susceptibles d'être examinés de plus près, ayant reconnu qu'il n'y avait rien à remordre pour ses clients, ni sur ces articles émargés, ni sur le surplus du compte (1), il me semble que M. Demesmay n'avait rien de mieux à faire que de le dire aux Cretin, replier mes dossiers et me rendre soigneusement toutes mes pièces comptables; ou plutôt, avec un peu de bonne volonté, que méritait peut-être la confiance exorbitante que je lui avais donnée, il aurait dû nous appeler dans son cabinet, et dicter ou rédiger un arrêté de compte que nous aurions signé,

---

(1) *Plus tard, ce compte a été reconnu exact par deux jugements d'instance et par un arrêt de la Cour royale rendu sur le rapport de M. Louvot, alors premier président; on n'a pas trouvé à ajouter aux recettes un seul centime, ni à retrancher une seule obole des dépenses : chose extrêmement rare dans un compte important; et ils ont été déclarés me devoir* 2,750 *francs* 68 *centimes, frais compris.*

les Cretin et moi. Mais ce n'est point ainsi qu'a voulu en agir M. l'avocat. Il a voulu, coûte que coûte, procurer de l'argent à ses clients, *à ses pays*, ainsi que les Cretin le qualifiaient : il est vrai que pour y parvenir, pour découvrir la chicane qu'il a trouvée, il fallait, mettant la délicatesse de côté, abuser du dépôt que je lui avais confié. Il fallait en faire un tout autre usage que celui dont il s'agissait; il fallait, dans un esprit de malveillance, fureter dans mes dossiers, scruter et épiloguer mes pièces pour y trouver matière à me nuire, à me faire un procès, bon ou mauvais. Eh bien, M. Demesmay a fait tout cela sans le moindre scrupule; rien ne l'a arrêté, pas plus sa profession d'avocat et son devoir d'arbitre que sa qualité de dépositaire. Comme il avait gardé mes pièces comptables pendant six semaines, il avait bien eu le temps de les compulser à son aise, de les épiloguer. Aussi avait-il fini par découvrir que, dans l'acte de vente à réméré, passé à M. Lefaivre, je n'avais pas répété que le prix en serait versé entre mes mains, pour compléter les paiements à faire aux créanciers inscrits, ce qui, selon lui, rendait ce paiement nul; cependant cet avocat avait vu qu'il n'y avait rien à redire à mon compte ; il avait vu que ce que j'avais touché de M. Lefaivre avait été employé à acquitter les dettes des Cretin. Il savait parfaitement que c'était pour cela faire que les Cretin avaient consenti cette vente, et qu'ils avaient assisté à ma distribution amiable ; enfin M. Demesmay, qui avait tout lu et relu, savait que le cahier des charges avait été établi pour faire la vente entière de tout le domaine de l'oncle, le curé, duquel faisaient partie les deux fonds de M. Lefaivre.

Malgré l'évidence des faits, il a tout uniment et sans s'émouvoir, conseillé aux Cretin de faire un commandement à M. Lefaivre pour l'obliger à payer une seconde fois ce que déjà il avait payé. Ce n'était pas tout ; il restait encore une difficulté à vaincre avant de poursuivre M. Lefaivre ; il fallait commencer par lui donner la preuve que toutes les inscriptions frappant sur les fonds par lui acquis ne subsistaient plus, qu'elles avaient été toutes radiées ; mais ces preuves n'existaient que dans mes dossiers ; c'est moi qui avais passé tous les actes en main-levée ; je les avais fait signer par chaque créancier inscrit, au fur et à mesure que je lui avais compté son argent ; c'est moi qui avais fait radier toutes ces inscriptions, au nombre de quarante-quatre, et comme tous les frais m'en étaient dus, ces pièces étaient ma propriété jusqu'au remboursement ; personne n'avait le droit de s'en emparer, et, moins que tout autre, le dépositaire, l'avocat auquel elles avaient été confiées pour un tout autre objet. Mais il n'y a que le premier pas qui coûte, et le premier pas était fait. M. Demesmay marche donc en avant sans plus hésiter. Il avait remarqué, dans un autre de mes dossiers, le certificat de M. le conservateur des hypothèques, constatant la radiation desdites quarante-quatre inscriptions : il s'en empare sans façon et le fait passer à l'avoué de mes adversaires, M. Conscience ; celui-ci le repasse à un huissier qui en prend copie sur papier timbré, et le signifie à M. Lefaivre en tête d'un commandement suivi d'une saisie mobilière ; la pièce est ensuite rendue à l'avoué ; cet avoué, après l'avoir étiquetée au dos, de sa main, la restitue à M. Demesmay qui, à son tour, la rétablit dans le dossier, d'où il l'avait soustraite furtivement. C'est après l'accomplissement de ces diverses manœuvres, que M. Demesmay me rend mon compte et toutes les pièces à l'appui, en me disant qu'il ne pouvait pas se charger d'une pareille affaire. Il n'avait plus besoin de rien ; la farce était jouée.

On voit assez clairement, sans que je le dise, que la supercherie de M. Demesmay tendait positivement, quoique d'une manière indirecte, à me faire reproduire et rendre à M. Lefaivre les 1,525 francs qu'il avait versés entre mes mains, pour par lui être comptés aux Cretin, dans le cas où ceux-ci, soutenus par leur avocat, réussiraient à faire déclarer nul le paiement fait entre mes mains.

Que devais-je faire en pareille occurence, si ce n'est de conseiller à M. Lefaivre de former opposition à la saisie pratiquée sur son mobilier, d'intervenir moi-même dans cette instance et d'y prendre fait et cause pour M. Lefaivre, afin d'y soutenir la validité de la quittance que je lui avais donnée? Je devais, en outre, presser la présentation de mon compte devant le même tribunal, afin de pouvoir, avant tout jugement, demander la jonction des deux causes, d'où serait résulté la preuve évidente que j'étais créancier des Cretin, au lieu d'être leur débiteur. (On a déjà fait remarquer que cela avait été reconnu plus tard, par jugement du tribunal et par arrêt de la Cour royale.)

C'est précisément ce qui a été fait ; les deux causes furent appelées le même jour ; mais comme l'affaire du compte n'était pas en état, le tribunal ne put que prononcer la jonction des deux affaires, pour être jugées par un seul et même jugement. Je ne pouvais rien espérer de mieux. Pour obtenir ce jugement, qui était on ne peut pas plus juste, il m'a suffi du simple exposé des faits tels que je viens de les répéter, sauf que je m'étais moins étendu sur la violation du dépôt.

Mais l'avocat qui avait inventé le procès, en a fait appeler, et, en appel, j'ai perdu mon affaire ; les injures et les déclamations furibondes de M. Demesmay ont fait fortune ; non seulement la Cour a prononcé la disjonction des deux causes, mais encore elle a évoqué l'affaire et m'a condamné, indirectement, à la restitution des 1,525 francs que j'avais reçus de M. Lefaivre, et à tous les dépens, sauf à ceux faits à l'occasion du notaire Maire de Vuillafans, mal à propos appelé dans la cause par les Cretin, raison pour laquelle ils avaient été condamnés à ses dépens.

Il s'est passé des choses si étonnantes et si extraordinaires, à l'occasion de cet arrêt, qu'on aura peine à y croire. Ce qu'il y a de fâcheux pour moi, c'est que je n'en ai pas moins reçu les coups. Je ne puis me dispenser, mes chers enfants, de vous faire part de plusieurs de ces épisodes.

PREMIER ÉPISODE.

Beau trait, action sublime de la part d'un de mes juges d'appel.

Pas plus loin que le lendemain de l'arrêt qui venait d'être rendu, je fus mandé par un de MM. les cinq conseillers qui y avaient participé ; ce brave conseiller était M. Courtot, demeurant alors rue de la Préfecture, maison de M. Deis, à gauche, au premier étage. M'étant rendu à son invitation, et après les compliments d'usage, il me fit asseoir, appela dans sa chambre madame son épouse et monsieur son frère, officier-supérieur décoré, et là, en leur présence, il me tint ce discours que je n'oublierai de ma vie :

« Monsieur Renaud, plaie d'argent n'est pas mor-
» telle; hier, étant aux opinions, j'ai commis, sans le
» vouloir, une faute, une erreur grave à votre préju-
» dice : j'entendais vous faire gagner votre procès et
» je vous l'ai fait perdre ! Nous étions cinq juges,
» déjà quatre avaient opiné, deux pour la confirmation
» du jugement dont appel, et deux contre ; je restais
» seul à voter ; mon opinion était pour la confirmation
» du jugement de jonction ; croyant me ranger du côté
» des ceux qui étaient pour la confirmation, je me
» suis rangé par méprise du côté de ceux qui étaient
» contre, et au prononcé de l'arrêt, je n'ai pas osé
» dire que je m'étais trompé. Mais, je vous le répète,
» plaie d'argent n'est pas mortelle; je suis très heu-
» reux de pouvoir réparer ma faute avec de l'argent ;
» j'entends vous indemniser de tous les préjudices que
» cet arrêt peut vous occasionner ; vous me direz à
» combien cela se portera, tant le capital que les frais,
» je veux tout payer. »

Interdit et tout ému d'une proposition aussi inattendue, je ne pus qu'applaudir à l'extrême délicatesse et aux nobles sentiments de M. le conseiller Courtot, de Mad. son épouse et de M. son frère, qui tous étaient du même accord ; mais je ne crus pas devoir en profiter. C'eut été, selon moi, faire payer trop cher à un juge d'une aussi rare probité, une erreur commise in-

volontairement ; je m'en serais fait un cas de conscience ;
aussi je refusai, en me bornant à admirer un aussi
beau trait.

AUTRE ÉPISODE,

*Résultant du même arrêt, mais beaucoup moins
susceptible d'éloges.*

Il s'agit principalement de l'avoué Barbaud, celui
des Cretin en appel.

L'arrêt qui m'a condamné par inadvertance était du
8 août : dès le surlendemain nous nous empressons,
M. Lefaivre et moi, de faire signifier à M. Barbaud,
qui est l'avoué dont je veux parler, un acte portant
acquiescement formel audit arrêt, avec offre réelle
d'une somme de...... pour les frais, sauf à augmenter
ou diminuer, à vue de la note qu'il était requis d'en
fournir au nôtre, qui était M. Girod cadet, beau-frère
de M. le président Trémolières, avoué probe et délicat s'il en fut jamais. Nous voulions, ou plutôt je
voulais (vu que tout devait retomber sur moi), je
voulais éviter les frais de relevé et de signification
dudit arrêt ; c'était d'autant plus juste et plus facile
que cet arrêt n'était utile à personne, absolument,
puisqu'il n'avait pour objet qu'une somme d'argent
qui était toute prête, et que M. Lefaivre aurait payée
sur le champ, si cinq saisies-arrêts, faites contre les
Cretin, n'eussent pas existées entre ses mains. Il en

eut été autrement, on le sait, s'il se fut agi dans l'arrêt de droits immobiliers, ou de tous autres *droits permanents;* mais il n'était pas question de cela, et les acquiesçants, M. Lefaivre et moi, avions le moyen de payer trois ou quatre cents fois la somme due.

Mais ce n'était pas là le compte de l'avoué Barbaud; il voulait et entendait profiter largement de tous les droits et émoluments qui arrivent aux avoués, quand ils peuvent relever, signifier et exécuter les arrêts. Aussi refusa-t-il, tout d'emblée, et l'acquiescement et la somme offerte, en se riant de nous et de notre démarche; et bientôt après, l'arrêt fut relevé et signifié par lui, tant aux avoués de la cause qu'aux parties, au mépris de notre acquiescement et de notre offre réelle pour les frais; ce qui n'a pas laissé que de les augmenter de 92 fr. à mon préjudice. Déjà, et dès le lendemain qu'il avait été prononcé, j'avais pris connaissance de cet arrêt au greffe d'appel où j'étais allé pour en copier le dispositif; j'avais vu et lu qu'il ne portait aucune distraction de frais au profit d'aucun des avoués de la cause, et qu'il n'y avait ni rature ni renvoi. J'étais simplement condamné aux frais des Cretin, et ceux-ci condamnés aux frais du notaire Maire, que mal à propos ils avaient appelé dans la cause.

Mais comme les Cretin étaient mes débiteurs de sommes beaucoup plus fortes que celle à laquelle pourraient se porter les frais du procès, je voulais les leur payer au moyen d'une quittance de pareille somme que je leur aurais faite, à imputer sur ce qu'ils me devaient; et même, d'après l'art. 1290 du Code civil, la compensation s'était déjà opérée de plein droit, par la seule force de la loi, même à l'insu des débiteurs. La compensation avait donc eu lieu en ma faveur, depuis l'arrêt rendu, avoué et reconnu par l'avoué Barbaud, puisqu'il l'avait relevé et signifié depuis plus de deux mois. On va voir ce qui est advenu.

L'expédition dudit arrêt délivrée par le greffier à l'avoué Barbaud, et les cinq à six copies qui en avaient été faites et signifiées ne pouvaient donc pas faire et ne faisaient effectivement aucune mention de la distraction des dépens, au profit de M. Barbaud; elles étaient et devaient être conformes à la minute. Plus de deux mois s'étant écoulés dans cet état de choses, je comptais fermement pouvoir me retenir, sur ce que me devaient les Cretin, le montant des frais dudit procès.

Mais, un jour, ayant été rencontré, dans les couloirs du palais, par M. l'avoué Barbaud, celui-ci me demanda si je ne voulais pas bientôt lui payer ses frais. Ayant répondu que ce n'était pas à lui que je les devais, mais bien aux Cretin ses cliens, avec lesquels la compensation s'était opérée de plein droit, vu qu'ils étaient mes débiteurs de plus fortes sommes, il se fâcha tout de bon en me soutenant que l'arrêt portait réellement cette mention, qu'il en était certain; qu'au surplus, il saurait bien me les faire payer. Voyant tant d'assurance chez lui, je craignis, un instant, d'avoir mal lu l'arrêt la première fois; je retourne au greffe pour l'examiner de nouveau; mais toujours point de distraction de frais, point de renvoi, rien n'avait été touché.

Cependant le 27 octobre, deux ou trois jours après cette rencontre, nous recevons, M. Lefaivre et moi, la signification d'un nouvel arrêt du 8 août, quoique non signifié de nouveau aux avoués : c'était un arrêt tout autre que le premier ; il donne acte à l'avoué Barbaud de l'affirmation par lui faite à la barre, qu'il avait fait l'avance de tous les frais d'appel et en prononce la distraction à son profit.

Curieux de savoir ce qui s'était passé au greffe, j'y retourne une troisième fois ; mais cette fois, j'y trouve un renvoi en marge, fraîchement écrit sur la minute, contenant très lisiblement la distraction demandée par l'avoué Barbaud. Je ne revenais pas de ma surprise, moi qui, comme notaire, ne devais pas ignorer qu'une fois un acte passé, un jugement ou un arrêt une fois rendu, signé et expédié, on ne peut plus y retoucher, à peine de faux....

Tout triomphant de cet étonnant succès, l'avoué Barbaud ne balance pas à dresser son état de frais comme *en matière ordinaire*, tandis que, suivant la loi, une opposition à saisie est *affaire sommaire* ; il comprend dans cet état, et au mépris de notre acquiescement et de l'offre réelle de ses frais, le coût de l'arrêt relevé sans nécessité, ainsi que le coût des significations qui en avaient été faites ; il y comprend les frais occasionnés par l'intervention du notaire Maire, auxquels ses clients avaient été condamnés par ce même arrêt ; enfin, non content de cela, il grossit ses droits et en ajoute qui n'étaient pas dûs.

M. le conseiller Fenouillot, auquel il s'était adressé pour faire la taxe, a commencé par lui rogner une somme de 102 fr. 73 cent. sur les 508 fr 71 cent. qu'il réclamait ; mais cet état de frais était si mal fait et tellement embrouillé que, sans s'en apercevoir, M. Fenouillot lui a passé les art. 8, 9, 10, 11, 12,

13 et 14, qui n'étaient pas autre chose que les frais du notaire Maire.

En vertu de cette taxe, l'avoué Barbaud lève un exécutoire et le fait signifier le 29 octobre, au domicile de notre avoué, M. Girod, qui était en vacance à Mignovillard ; la loi ne donne que trois jours pour y former opposition ; j'avais donc pour cela le 30 et le 31 octobre, et le 1er novembre ; le 30 était un samedi, jour non férié, mais le 31 était un dimanche et le 1er novembre était le jour de la Toussaint ; de sorte que, rigoureusement, je n'avais que le samedi pour faire mon opposition, et ce n'est que le dimanche que j'ai reçu la copie de l'exécutoire signifié à l'avoué Girod, parce que M. Girod était à la campagne, d'un côté, et moi d'un autre. C'est déjà beaucoup que cette copie me soit parvenue dès le surlendemain. Je n'ignorais pas qu'avec la permission du juge, j'aurais pu former mon opposition le dimanche ou le jour de la Toussaint ; mais comment trouver, un jour de fête, et dans un temps de vacance, un avoué pour dresser et signer la requête, un président ou un juge pour y répondre et un huissier pour en faire la signification ? Il m'a donc fallu attendre au lendemain de la Toussaint, qui était le quatrième jour ; je me fondais, d'ailleurs, sur l'article 1033 du Code de procédure, portant que le jour de la signification ni celui de l'échéance ne sont jamais comptés, et un peu sur l'article 25 de la loi sur l'enregistrement, portant que si le dernier jour du délai se trouve un jour de fête, ce jour là ne sera pas compté.

Je formai donc mon opposition le 4e jour, dans la ferme espérance qu'elle serait admise ; mais la Cour en a décidé autrement, comme vous allez voir.

Devant la chambre du conseil, je produis les trois moyens dont je viens de parler, en répétant 1° que les frais devaient être réglés comme matière sommaire ; 2° qu'ayant acquiescé à l'arrêt et offert d'acquitter les dépens à vue de la note demandée à l'avoué, le coût dudit arrêt et des significations qui en avaient été faites très inutilement et très illégalement, devaient être retranchés ; et 3° que ce ne pouvant être que par erreur, et contrairement au dispositif du même arrêt, que M. le conseiller taxateur avait passé et mis à ma charge les frais auxquels les Cretin seuls étaient condamnés pour avoir mal à propos mis en cause le notaire Maire, c'était aussi le cas de retrancher ces frais. Mais ayant voulu ajouter à ces trois moyens celui résultant de ce que l'arrêt ne portait aucune distraction de dépens, au profit de qui que ce soit, et que ce n'était que plus de deux mois après sa signification qu'il avait été retouché à l'aide d'un renvoi placé à gauche, on m'imposa silence sur le champ, avec menaces ; on m'ôta la parole, et, admettant la fin de non-recevoir opposée par l'avoué Barbaud, fondée sur un arrêt unique de la Cour de cassation, toutes mes demandes furent repoussées, malgré qu'avant son prononcé j'avais offert en pleine audience, à l'avoué Barbaud, de m'en rapporter, pour vérifier son état de frais, à la décision seule et unique de celui de tous les magistrats de la Cour qu'il lui plairait de choisir, ajoutant que je ne le croyais pas homme à vouloir profiter d'une erreur aussi évidente que celle pour les frais du notaire Maire.

La Cour aurait peut être dû engager cet avoué à se rendre justice ; elle se borna à lui demander s'il acceptait ma proposition, et sur son refus, prononça brusquement, elle rendit son arrêt, qui est du 21 novembre, et il m'a fallu tout payer, même les frais auxquels ses propres clients avaient été condamnés, et bien autre chose encore ; mais poursuivons :

TROISIÈME ÉPISODE,

Encore plus scandaleux que le précédent.

Les qualités, pour ce dernier arrêt, avaient été signifiées le 24 du même mois ; de suite, je prie M. Girod, son confrère et son voisin, de lui porter en totalité le montant de son état de frais ainsi que ceux faits devant la chambre du conseil ; l'avoué Barbaud refuse. Connaissant à mes dépens les manières d'agir de ce citoyen, je m'empresse, dès le lendemain 25, de lui faire signifier une offre réelle de la même somme qu'il venait de refuser et de celle de.... pour les frais ultérieurs, sauf à parfaire.

Cette fois, le sieur Barbaud prend tout ce qui lui est offert ; je m'attendais presque à le voir rendre à l'huissier les frais du notaire Maire, si injustement portés sur mon compte, et le coût des significations du premier arrêt, celui du 8 août, puisqu'il s'en était désisté en faisant signifier celui rectifié ; mais, au lieu de cela, il proteste, dans sa quittance, de continuer les poursuites, si dans 24 heures pour tout délai, on ne lui renvoie pas 72 fr. 51 cent. qu'il veut encore pour coût de l'arrêt qui venait d'être rendu par la chambre du conseil, malgré que cet arrêt n'avait pu encore être relevé ni expédié, puisque les qualités qui en font partie intégrante et qui s'expédient en tête du jugement, reposaient encore au bureau des huissiers, où elles devaient demeurer pendant 24 heures.

Voulant éviter l'effet de sa menace de continuer à faire des frais, et, en même temps, mettre cet avoué rapace dans l'impossibilité de pouvoir objecter que déjà l'arrêt se trouvait expédié quand on lui aurait porté l'argent, je me décidai à lui envoyer de suite, par le même huissier Grillet, les 72 fr. 51 cent. qu'il redemandait, sauf à aviser plus tard aux moyens de lui faire rendre gorge.

Mais je n'étais qu'un sot! j'ai encore été refait par Me Barbaud qui, ainsi que l'avocat Demesmay, se croyait tout permis envers moi, depuis qu'ils s'était aperçu que la Cour m'avait pris en aversion.

On a déjà vu que cet avoué se souciait fort peu des offres réelles qui lui étaient signifiées pour les frais, sauf à régler à vue de la simple note qui lui en était demandée; cependant, ici, il tenait à différer de deux jours son acceptation des 72 francs 51 centimes, vu qu'après la remise des qualités au greffe, il fallait au moins deux jours au greffier, qui n'avait pas que cela à faire, pour régler l'arrêt, le faire enregistrer, l'expédier et en faire enregistrer l'expédition. Pour gagner ces deux jours, le rusé matois donne ordre à sa servante de répondre à l'huissier Grillet, s'il se présentait, qu'il n'y est pas, qu'il est sorti, qu'on ne sait où il est, ni quand il rentrera. A la chute de la nuit, l'huissier vient me dire qu'il désespère de joindre l'avoué Barbaud dans la journée; que déjà, cinq à six fois, il s'est présenté chez lui sans le trouver, quoique à des heures différentes; seulement qu'il a acquis la certitude qu'il était dans la ville et non chez lui. — Puisqu'il est en ville, répondis-je, il rentrera ce soir; allez vous mettre en faction dans son escalier, couchez-vous au besoin à travers sa porte, et attendez sa rentrée; comme il s'agit d'un paiement volontaire et non d'une signification d'exploit, vous n'avez rien à craindre quant à l'heure.

Ayant repris courage, l'huissier fit ce que je lui avais dit; il se pose en sentinelle à la porte de M. Barbaud; mais l'avoué se fit peu attendre; il rentra bientôt après, et fut fort surpris de trouver quelqu'un dans son escalier à l'heure qu'il était. Il refusait d'entendre l'huissier Grillet; cependant, celui-ci ayant fait observer qu'il ne se trouvait là si tard que pour obéir à ses ordres, puisque, dans sa quittance de la veille, il n'avait été donné à M. Renaud que 24 heures pour lui renvoyer ce qu'il prétendait encore lui être dû, à ce discours l'avoué Barbaud le fit entrer, prit les 72 francs 51 centimes et en fit une quittance que l'huissier m'apporta le lendemain matin.

En examinant cette pièce, je m'aperçus, fort heureusement, que pour gagner les deux jours qu'il lui fallait pour ne pas être exposé à restituer le coût d'une expédition qui n'était pas faite, et dont personne n'avait besoin, notre avoué l'avait *post-datée* de deux jours : il reçoit son argent le 26 et date sa quittance du 28.

Voulant avoir devers moi une preuve certaine de cette fraude, je me hâtai de renvoyer encore le même huissier, *protester* contre la fausseté de la date donnée à la quittance. La protestation est du 27 novembre et a été enregistrée, pour plus de sûreté, le même jour 27, tandis que la quittance contre laquelle on protestait est datée du lendemain.

Pris, pour ainsi dire, la main dans le sac, je croyais presque que M⁰ Barbaud m'aurait renvoyé ce coût d'arrêt injustement perçu; mais je me trompais, il a conservé cette somme avec la même tranquillité que déjà il avait conservé les frais du notaire Maire, etc.

J'étais bien déterminé, en prenant toutes ces précautions, à recourir à un nouvel incident pour obliger M⁰ Barbaud à faire taxer ses nouveaux frais, ou à restituer ce qu'il s'était fait payer sans être dû ; mais ayant refléchi au mauvais accueil qui m'était fait par la seconde chambre, tandis que l'avoué Barbaud en était le bienvenu, j'ai renoncé à mon projet et préféré tout perdre.

Après ce qu'on vient de voir, on croira difficilement que c'est moi qui ai toujours eu tort aux yeux de la Cour, tandis que l'avoué Barbaud avait toujours raison. C'est à tel point, que le parquet a fait revivre une querelle d'Allemand qui m'avait été suscitée six mois auparavant, pour se donner le plaisir de demander ma suspension. Ceci fera l'objet du 4⁰ épisode.

QUATRIÈME ÉPISODE.

M. Thiébaud, riche propriétaire à Etrabonne, commune voisine de Burgille, mécontent de la conduite de son unique fils, l'avait fait enfermer, par forme de correction, dans la maison Guibard, au Chapitre. Quelque temps après, ce père de famille mourut. Son testament solennel, dont je me trouvais dépositaire, avait été publié en l'absence de son fils, quoique légataire d'un préciput assez considérable : il était de mon devoir d'aller lui en donner connaissance dans sa prison, ou plutôt dans son cachot; car ses parents le tenaient dans un cachot, les fers aux pieds. On avait su à Etrabonne que je devais aller faire une visite au jeune Thiébaud; la veuve Lugant et sa jeune fille l'ayant appris également, vinrent me trouver et me demandèrent un entretien particulier : nous étant retirés dans une chambre à part, elles me confièrent, les larmes aux yeux, la triste position dans laquelle se trouvait la jeune fille ; elle se dit enceinte des œuvres du fils Thiébaud ; la mère et la fille m'affirmèrent que le fils Thiébaud était dans l'intention de se déclarer père de l'enfant dont la demoiselle Lugant était enceinte ; que la reconnaissance en serait déjà faite, s'il en avait eu l'occasion ; mais on ne le laissait parler à personne. Après cette confidence, sur laquelle elles me demandèrent le secret, la mère et la fille me chargèrent, quand j'irais vers le fils Thiébaud, et après lui avoir demandé si elles ne m'avaient pas dit la vérité, de vouloir bien, en cas d'affirmative, dresser l'acte de reconnaissance qu'il désirait faire ; je me chargeai volontiers de cette mission qui était dans mes attributions.

Avant de me rendre chez Guibard, je commençai par aller au parquet prendre un permis d'entrée ; je dis à M. le substitut que j'avais plusieurs choses à communiquer au fils Thiébaud, notamment le testament de M. son père. M. le substitut, sans faire la moindre observation sur mes motifs, me délivra le permis d'entrer.

Par une inspiration du ciel, j'eus la bonne idée de me faire accompagner vers Thiébaud par un de mes confrères, ce qui ne se faisait jamais à cette époque, le notaire en second signait les actes en masse, tous les deux ou trois mois : si je n'avais pas eu pris cette précaution, vu l'acharnement avec lequel on m'a poursuivi, j'aurai couru de grands dangers ; mais n'anticipons pas sur les faits.

Nous voilà introduits, mon confrère Vonin et moi, dans la prison Guibard ; on nous mène dans une petite cour sur laquelle ouvrait le cachot d'où l'on fit sortir, avec de gros fers aux pieds, le jeune Thiébaud, qui me reconnut de suite ; le père et la mère du sieur Guibard d'aujourd'hui, étaient aussi présents avec le notaire Vonin. Après avoir donné au fils Thiébaud connaissance et lecture du testament de son père, je lui demandai en présence de tout ce monde (car les gardiens exigent que l'on parle tout haut aux prisonniers) s'il était vrai qu'il n'attendait qu'une occasion favorable pour déclarer que l'enfant dont se trouvait enceinte la demoiselle Catherine Lugant était de ses œuvres ? Le fils Thiébaud répondit à mes questions en m'en faisant une autre que voici : « Monsieur Renaud, me dit-il, si dans un
» cas pareil on vous faisait une semblable proposition
» et que vous fussiez certain que vous n'avez pas été
» le seul qui aurait fréquenté la demoiselle, je vous le
» demande, vous déclareriez-vous père de l'enfant ? »
Non, certainement ! répondis-je de suite. Eh bien ! ré-

pliqua Thiébaud, je suivrai votre avis. Chacun l'applaudit et il n'en fut plus question.

Nous allions nous retirer quand ce malheureux Thiébaud me dit qu'il avait encore un avis à me demander ; il rentra dans son cachot d'où il revint un instant après, ayant debout dans son chapeau rond une quantité d'exploits et de copies d'huissiers auxquels il ne comprenait rien. En ayant parcouru quelques-uns, je vis bientôt qu'il était question de le faire interdire. Lui ayant demandé s'il avait un avoué, un défenseur, il me répondit qu'il avait écrit plusieurs fois pour en avoir, mais qu'on ne faisait pas parvenir ses lettres à leurs adresses. Je pris alors toutes ses copies pour les porter à M. Darche, que je lui choisis pour avocat; je lui donnai pour avoué M. Gallet père. Peu de mois après, Thiébaud gagna son procès, et sortit de prison. On conçoit que ses parents qui avaient espéré le voir périr dans les cachots avec les fous, ont dû m'en vouloir de l'avoir fait défendre. Aussi ce sont eux qui avaient imaginé de porter plainte contre moi au parquet, en affirmant que j'avais voulu substiliser au fils Thiébaud, une reconnaissance d'enfant naturel.

Sur cette plainte, M. le procureur du roi en adressa une à la chambre de discipline des notaires. M. le président et M. le syndic, après m'avoir interrogé devant la chambre réunie, prennent la peine d'aller voir le jeune Thiébaud, M. et Mad. Guibard; ils questionnent le notaire Vonin et vont ensuite au parquet de M. le procureur du roi, lui rendre verbalement compte de cette affaire ; ils lui disent qu'il n'y a rien de vrai dans tout ce qu'on lui avait rapporté, et que rien d'indélicat ne s'était passé, ni n'aurait pu se passer, puisqu'il y avait, outre le père et la mère Guibard, un second notaire contre lequel il aurait aussi fallu porter plainte. M. le procureur du roi parut satisfait, et l'affaire en resta là.

Mais après ce qui s'était passé à la chambre du conseil le 21 novembre, on fit reprendre cette dénonciation par M. le procureur du roi Vuilleret, qui y mit un acharnement incroyable. Dans sa plainte, il requérait non-seulement une forte peine disciplinaire, mais encore il voulait que la chambre demandât ma suspension provisoire, sans doute en attendant mieux; il a demandé impérieusement que la chambre des notaires fut convoquée extraordinairement, qu'une enquête fut ordonnée, etc., etc. Il écrivait lettre sur lettre; on n'allait jamais assez vite. Au désir de M. Vuilleret, la chambre fut convoquée, l'enquête eut lieu. On entendit comme témoins M. le notaire Vonin, M. Guibard père, son épouse, M. Thiébaud lui-même, enfin son directeur, M. Vieille, actuellement curé de Sainte-Magdeleine. Mais cette enquête ne produisit que la répétition de ce que j'avais toujours déclaré, car la vérité n'est qu'une. Mais les membres de la chambre qui connaissaient, ainsi que moi, la mauvaise tête de M. Vuilleret, m'ayant fait appeler à leur délibération, me répétèrent qu'il n'y avait aucune charge contre moi, qu'au contraire, ma conduite, vu la sage précaution que j'avais prise de me faire accompagner par un second notaire, était digne d'éloge; mais, ajoutèrent-ils, notre décision toute en votre faveur, va rendre furieux M. Vuilleret; il est dans le cas de se pourvoir contre, de recourir à M. le garde des sceaux; il portera de nouvelles plaintes, etc., etc. Les notaires ne sont-ils pas continuellement à l'œil du ministère public! Voici, me dirent-ils, quel serait notre avis, si toutefois vous y consentez : vous avez dit vous-même qu'au parquet, quand vous êtes allé demander le permis d'entrer chez Guibard, vous n'avez pas parlé de la grossesse de la fille Lugant à M. le substitut, afin de ne pas révéler devant les étrangers qui se trouvaient là, le secret qui vous avait été confié. Eh bien, laissez-vous faire un simple rappel à l'ordre, motivé sur cette réticence envers M. le substitut, vous verrez que M. Vuilleret s'en contentera et vous laissera en repos. Tenant beaucoup à sortir des mains du ministère public, je consentis au rappel à l'ordre pour ma réticence.

Le procès-verbal d'enquête et la délibération qui me rend justice sur la plainte du parquet, mais qui me rappelle à l'ordre parce que j'ai gardé un secret, ont été expédiés et envoyés à M. le procureur du roi.

RÉSULTAT

de mon Compte avec les Cretin.

Je l'ai déjà dit, malgré les injures et les sarcasmes de l'avocat des Cretin, malgré le désaveu de leur avoué, fait d'accord avec celui-ci, afin de remettre en question des questions déjà jugées, malgré leur appel porté à la Cour royale, et les déclarations toujours plus virulentes de M. Demesmay, la première chambre de la cour, au rapport de M. Louvot, alors premier président, a reconnu par son arrêt du 18 août 1814, comme déjà l'avait fait le tribunal de première instance, par deux jugements successifs, qu'il n'y avait pas un centime à retrancher dans mes dépenses et pas une obole à ajouter à ma recette, ce qui peut être considéré, après tant de discussions faites avec tant de mauvaise foi, comme un véritable miracle.

Les condamnations contre les Cretin, résultant de ces jugements et arrêt, et des taxes de dépens qui en ont été la suite, s'élèvent à 2,750 francs 68 cent., somme que je n'aurais pas perdue, si l'avocat des Cretin n'avait pas abusé du dépôt que je lui avais confié, ou si M. le conseiller Courtot ne s'était pas trompé pour mon malheur. Mais ce n'est rien encore que cela, j'ai bien perdu autre chose en voulant courir après ma boule. On a déjà vu qu'il ne restait aux Cretin, pour toute ressource, que les 4,000 francs laissés entre les mains de M. Bel, jusqu'à ce que le tribunal ait prononcé sur le mérite de la créance Vichot, qui a été annulée, et la mieux-value des fonds vendus à réméré à M. Lefaivre, valant 3 ou 4,000 francs de plus que le prix porté dans l'acte.

Mais les Cretin, toujours parfaitement conseillés, se sont empressés de faire une cession frauduleuse des 4,000 francs retenus par M. Bel, à un sieur Monpitou, de Besançon, et de revendre les fonds du réméré au sieur Bardey, leur parent et l'un de leurs conseils.

J'ai commencé par attaquer la cession faite au sieur Monpitou, comme faite en fraude de mes droits ; il y a eu de longues discussions, interrogatoire sur faits et articles, enquête, mémoire signifié, appel devant la

Cour royale, etc., etc. Malgré tout cela, la Cour n'ayant pas trouvé mes preuves suffisantes, m'a débouté de ma demande et condamné aux dépens. J'ai eu cependant plusieurs voix pour moi, ne fut-ce que celle de M. de la Terrade, alors premier président, qui, m'ayant abordé dans la rue de la Préfecture, le lendemain de l'arrêt, voulut que je sache qu'il avait été d'un avis contraire à l'arrêt, et qu'il avait jugé la cession comme évidemment frauduleuse.

Je n'ai pas été plus heureux pour les fonds vendus à réméré et revendus ensuite, à un tiers, par les premiers vendeurs ; ayant pris mon inscription judiciaire contre les Cretin avant cette revente, ils n'avaient pas pu revendre, disais-je, sans être propriétaires et sans que le nouvel acquéreur fût dans la nécessité de purger ou délaisser. Du moins, ajoutais-je, mon inscription devait frapper sur l'action en retrait, qui est, sans contredit, une véritable action immobilière ; j'avais tant de confiance dans ce raisonnement que j'ai poussé la question jusqu'en cassation ; mais j'ai encore succombé, et les frais ont été considérables. En disant que ces différentes affaires avec les Cretin m'ont couté 6,000 francs, je ne dis pas assez.

DEUXIÈME AFFAIRE.

Procès des sieurs Breux et Valinde.

Dans cette seconde affaire, l'avocat Demesmay a fait déclarer valable et comme subsistante encore, une inscription hypothécaire depuis long-temps éteinte *par l'extinction du titre;* il a fait admettre comme un bon de 1,241 francs une procuration sous seing-privé, dans laquelle on cherche vainement la mention d'une somme quelconque, ni en chiffres, ni en toutes lettres ; enfin, il m'a fait condamner comme tiers-détenteur, à payer des sommes qui n'étaient pas dues, ayant été acquittées par le débiteur originaire quelque temps avant sa mort.

Pour bien vous faire comprendre la chose, je commencerai ce second récit, mes chers enfants, par un exposé des faits, dans lequel exposé vous trouverez déjà, et d'avance, la solution de ces trois propositions.

FAITS.

Le sieur Grut, marchand fripier à Besançon, m'avait vendu, par acte reçu de Billebaud, notaire en la même ville, le 1er mars 1812, la moitié lui appartenant dans une maison sise rue d'Arènes, pour le prix de 4,000 francs qui furent payés comptant; l'autre moitié appartenait par indivis à madame veuve Blanchard, née Dupoirier.

Dix mois après m'avoir fait cette vente, le sieur Grut avait prétendu que sa maison valait 6,000 francs au lieu de 4,000, et que je l'avais eue à trop bon marché. Ne voulant pas profiter de cette mieux-value, si Grut disait vrai, je lui promis, en présence du sieur Breux, qui était son créancier, de remettre cette maison aux affiches et aux enchères publiques, et de lui faire la remise gratuite, si le prix excédait les 4,000 francs que j'en avais donné, de tout l'excédant.

De Dijon, où il s'était trouvé un jour dont il ne s'est pas ressouvenu, le sieur Grut avait tiré à l'ordre du sieur Breux, fabricant de draps, à Dijon, une lettre de change de 1,167 francs, payable chez mademoiselle Marie Amet, de Besançon, le 25 juin 1812, (je l'ai appris plus tard.)

Breux avait passé cet effet à l'ordre de la maison Echalié, de Dijon; celle-ci l'avait mis en circulation.

Le 4 dudit mois de juin 1812, Grut, assisté de l'épouse du sieur Breux, était venu en mon étude souscrire un acte par lequel, pour sûreté des 1,167 francs par lui dus en vertu d'une lettre de change dont on ne peut relater la date ni l'échéance, vu qu'elle est en circulation, a obligé et hypothéqué les quatre maisons qu'il possède à Besançon, situées rue de Battant, du Pont et d'Arènes, ces immeubles déjà grevés de plusieurs inscriptions.

Heureusement pour le sieur Breux, j'avais connaissance qu'un sieur Morel, maître tailleur d'habits d'un régiment, venait d'obtenir contre Grut un jugement qui n'était point encore inscrit au bureau des hypothèques, et je voulais que l'inscription du sieur Breux précédât celle du tailleur ; pour cela il fallait, le même jour 4 juin 1812, sans perdre un instant, faire enregistrer mon acte, écrit l'après-dîner, en faire faire l'expédition, dresser les bordereaux d'inscription, et porter le tout au bureau des hypothèques qui, alors, se fermait à trois heures. Grâce à mon activité, tout cela fut exécuté à temps, et l'inscription du sieur Breux a primé celle du sieur Morel, comme on verra plus loin.

Dès le quinze du même mois de juin, dix jours avant l'échéance de la lettre de change, M. Echalié, comme endosseur, avait écrit à Mlle. Marie Amet, pour la prier de vouloir bien acquitter cet effet à son échéance, et sans frais.

De son côté, le sieur Breux, premier endosseur, avait fait faire la même prière à Mlle. Amet, par une lettre du 25 du même mois, adressée à l'avoué Gallet.

La lettre de change fut effectivement acquittée à présentation par Mlle. Marie Amet, qui, le 7 juillet suivant, répondant à M. Echalié, lui disait :

1° Que selon son désir, elle avait acquitté, sans frais, l'effet de change de 1,167 fr.

2° Que la provision à 1/2 pour 0/0 était de 6 — 60 c.

3° Et qu'il lui était dû pour avance de fonds et timbre d'un nouvel effet, 4 — 20 c.

TOTAL 1,177 fr. 80 c.

Somme que Mlle. Amet priait M. Echalié de verser pour son compte à M. Charles Morel, de Dijon.

Par cette même lettre du 15 juin, M. Echalié avait aussi prié Mlle. Amet de faire signer par le sieur Grut un nouvel effet à six mois de date, en y ajoutant les intérêts de six mois et les frais, ce qui porta le nouvel effet à 1,230 francs 93 centimes.

Cet nouvel effet fut aussi adressé par le même courrier à M. Echalié, ainsi que l'acte en dation d'hypothèque, qui était resté chez l'avoué Gallet.

La lettre de change fut rendue au sieur Grut, en échange de son effet de 1,230 francs 93 centimes, et, à son tour, ce dernier effet a été rendu par M. Echalié, au sieur Breux cadet, contre ses réglements. C'est ce qui résulte de la lettre que M. Echalié a bien voulu m'écrire le 22 octobre 1821.

Le 7 juillet 1813, le sieur Grut, qui avait un peu rétabli ses affaires à Châlon, où il avait reporté son commerce, s'était transporté à Dijon pour y terminer son compte avec le sieur Breux; il résulta de ce réglement que Grut ne restait plus devoir au sieur Breux qu'une somme de 500 francs dont il lui fit un effet, et, en outre, une procuration pour recevoir ces 500 fr. *de l'acquéreur de la maison, si elle était revendue au-delà de 4,000 francs.*

Grut m'a annoncé ces choses par deux lettres, à moi écrites de Châlon; la première du 12 du même mois de juillet, et la deuxième du 22 août suivant, et elles se trouvent confirmées dans la quittance écrite par le sieur Breux, le 13 novembre 1813, où il dit positivement que les 50 francs à lui comptés par Grut, sont pour solde du billet de 500 francs qui, se trouvant égaré avec la procuration, sont annulés.

Plus tard, le sieur Breux s'était rendu à Besançon,

muni de son effet de 500 francs et de sa procuration, croyant toucher les 500 francs sur les bénéfices qu'il présumait avoir été faits en revendant la maison ; mais il sut bientôt que les nouvelles enchères n'avaient rien produit, personne n'ayant voulu couvrir ma mise à prix de 4,000 francs. Cela avait paru contrarier un peu le sieur Breux ; mais il en fut bientôt consolé quand je lui eus dit que, grâce à son inscription, prise à temps, il devait être payé à l'ordre amiable qui allait s'ouvrir en l'étude de l'avoué Gallet, déjà dépositaire des 1,845 francs formant le prix de la maison que Grut avait vendue au sieur Bruland, le 17 janvier 1813 ; Breux venait à date utile, parce que les créanciers qui le devançaient avaient été payés avec le prix des autres ventes, sauf la maison Desgaches et Buffard de Lyon, qui ne réclamait que 1,311 francs 88 centimes, lesquels otés des 1,845 francs, laissaient à Breux 533 francs 12 centimes, et il ne lui en était dû que 500, sauf les intérêts.

Breux a donc dû être payé de tout ce qui lui était dû, quoiqu'il n'ait accusé dans ses écritures que 340 francs. Il est possible cependant, il est même vraisemblable, que le sieur Morel, créancier non pourvu, se sera fait nantir une somme quelconque, pour ne pas requérir un procès-verbal d'ordre judiciaire, dont les frais seraient tombés sur le sieur Breux, dernier créancier pourvu. C'est peut-être bien pour cela que Grut s'est trouvé redevoir, pour solde de l'effet de 500 francs, les 50 francs portés dans sa quittance du 13 novembre 1813.

Il est donc bien établi et prouvé de reste par les lettres de Mlle. Marie Amet et de M. Echalié de Dijon, par celles des sieur Grut du 12 juillet et 22 août 1813, et par la quittance du sieur Breux du 13 novembre même année : 1° Que la lettre de change avait été acquittée à son échéance et *sans protêt*; 2° que M. Echalié, qui en avait avancé les fonds par le fait de Mlle Marie Amet, avait demandé et accepté pour son remboursement un nouvel effet de Grut de 1,230 francs 93 centimes; 3° que ce nouvel effet avait été retiré par Breux contre ses réglements; 4° que le 7 juillet 1813, Grut ne se trouvait plus redevoir à Breux que 500 francs dont il lui avait signé un effet qui a été acquitté, tant avec ce qui restait du prix de la maison vendue au sieur Bruland, qu'au moyen des 50 francs dont Breux avait fait quittance à Grut, pour solde, le 13 novembre 1813.

Il est donc démontré, par ce simple exposé des faits, que quand Breux est venu m'attaquer à Besançon, comme on va voir, Grut était entièrement quitte envers lui; qu'il ne lui restait pas devoir une obole.

Mais, dira-t-on, comment supposer à Breux une pareille témérité, lui qui n'avait pas d'autre titre que l'acte en constitution d'hypothèque que Grut avait négligé ou oublié de retirer quand il reprit son effet de 1,230 francs 93 centimes?

Je répondrai à cela que ce n'était pas en fait d'improbité le coup d'essai du sieur Breux; car il sortait de faire à Dijon une faillite qui ne prouvait pas une excessive bonne foi; ses créanciers s'étaient trouvés dans la nécessité de perdre le 75 pour 0/0, et d'accorder six ans pour le restant, et ce, sans intérêt et sans avoir pu fournir une caution. Ont-ils été payés dès lors de ce 25 pour 0/0? J'en doute.

Grut étant mort depuis la campagne de 1814, Breux n'avait pas à craindre qu'il revint exprès de l'autre monde pour lui donner des démentis.

Breux savait que j'étais dans la plus complète ignorance de ce qui s'était passé relativement à la lettre de change, au nouvel effet de 1,230 francs 93 centimes, au billet de 500 francs, etc., etc.

Dans le fait, je n'ai découvert toutes ces choses, je ne suis parvenu à obtenir communication des correspondances que sur la fin de la procédure.

Enfin, Breux a su trouver un avocat qui lui a dit qu'il lui suffirait, pour me faire condamner, du seul titre constitutif de l'hypothèque, donné par Grut à Breux pour garantie du paiement de la lettre de change de 1,167 francs, bien que cet acte, en dation d'hypothèque, sans le titre constitutif de la dette, ne soit qu'un véritable chiffon, *malgré que M. Demesmay le qualifiait d'obligation.*

Toutes ces choses étaient bien faites pour enhardir un homme qui n'avait plus rien à perdre, et qui était d'une probité très équivoque.

Tel était l'état de choses quand, au mois de juin 1815, le sieur Breux, qui depuis longtemps avait déserté Dijon pour venir vagabonder à Besançon, s'en alla trouver l'avocat Demesmay, qu'il savait être mon ennemi juré; il lui présenta l'acte en dation d'hypothèque dont je viens de parler, en lui demandant s'il ne serait pas possible de faire quelque chose de cette pièce, d'en tirer un parti quelconque contre moi, en ma qualité de tiers-détenteur d'une des maisons à lui données en hypothèque par le sieur Grut, malgré qu'il n'était pas porteur du titre constitutif de la dette, n'ayant ni la lettre de change ni le protêt qui en avait été fait.

Comme on ne peut guère faire un procès en vertu d'une lettre de change, si elle n'a pas été protestée, Breux avait été obligé de supposer un protêt, quoique sachant très bien qu'il n'y en avait pas.

Si ce ne sont pas là les propres expressions dont s'est servi Breux, c'en est l'équivalent, puisque le défenseur s'est contenté de cette pièce unique pour me susciter un procès plus injuste encore que celui des Cretin.

Cependant, y ayant réfléchi plus mûrement, l'avocat Demesmay s'aperçut qu'on ne pourrait rien commencer sans la lettre de change et le protêt, et Breux lui avait dit positivement qu'il n'avait pas ces pièces. Comment faire?

Comment faire! et ce serait à l'avocat Demesmay que s'adresserait une pareille question? Son savoir faire n'est-il pas déjà connu? N'a-t-il pas fait ses preuves dans l'affaire des Cretin? Y regarde-t-il donc de si près, surtout quand il s'agit du notaire Renaud? ce qu'il va faire !

Sans le moindre scrupule, M. l'avocat Demesmay va feindre d'avoir sous les yeux, avec l'acte en dation d'hypothèque, la lettre de change protestée, et le protêt faute de paiement; il libellera son assignation et prendra ses conclusions tout comme si ces pièces étaient dans son dossier. J'y ai cru de la meilleure foi du monde; mais pour mieux détourner mon attention, il cherchera à m'épouvanter; ses conclusions ne se borneront pas à ce que je sois condamné à souffrir l'hypothèque sur ma maison, il concluera aussi à ce que je sois condamné, solidairement avec le sieur Grut, *et par corps, comme stellionnataire*, à payer le montant de la lettre de change avec les intérêts, à les compter du jour du protêt, et aux dépens. (Qui n'aurait pas cru, vu ce langage, que ces pièces étaient sous sa main?)

Ainsi libellée, l'assignation de Breux me fut signifiée le 19 septembre 1815. En première instance, mon avocat s'occupa principalement à me défendre du stellionnat et de la prise de corps ; il soutint ensuite que ma maison, venant de Grut, n'avait pas pu être atteinte par l'hypothèque par lui consentie, 1° parce que je l'avais achetée et payée plus de trois mois avant l'acte en constitution d'hypothèque ; 2° parce qu'elle était mal désignée, l'acte en dation d'hypothèque s'étant borné à dire que les quatre maisons étaient sises à Besançon, rues de Battant, du Pont et d'Arènes ; et dans ces trois rues au lieu de quatre maisons, il y en a quatre cents ! lesquelles étaient-ce ?

Le défenseur de Breux a prétendu que c'était à moi, quand j'ai reçu l'acte en constitution d'hypothèque, à déclarer, *d'office*, que j'étais acquéreur d'une des quatre maisons, et le tribunal, par son jugement du 7 août 1816, tout en me faisant grâce du stellionnat et de la contrainte par corps, m'a condamné à souffrir sur ma maison l'hypothèque donnée par Grut à Breux, si mieux je n'aimais payer celui-ci en argent.

Ce premier jugement ne fut pas plutôt rendu que le sieur Breux, qui avait ses raisons pour cela, s'empressa d'en céder les adjugés au sieur Valinde, qui se hâta d'intervenir dans le procès, tout en retenant Breux dans la cause.

Commençant à soupçonner quelque chose en appel, je chargeai mon avoué de demander en communication les pièces du sieur Breux ; mais elles lui furent refusées.

Alors je fis prendre des conclusions tendant à ce que le sieur Breux soit condamné à produire et communiquer, dans le délai à fixer par la Cour, la lettre de change et le protêt en vertu desquels j'étais poursuivi.

Faisant droit à ma demande, la Cour, par un arrêt interlocutoire, condamna Breux à produire, dans le délai d'un mois, non seulement la lettre de change et le protêt demandés par moi, mais encore ses livres de commerce. Cette fois, je crus mon procès gagné : cet arrêt était de la plus grande justice ; il ne suffit pas à un demandeur d'établir sa demande comme l'avait fait Breux, il faut encore la justifier, en fournir la preuve.

Trois mois se passent au lieu d'un, sans que le sieur Breux donne signe de vie ; rien n'est produit, pas même ses livres-journaux, parce que, sans doute, ils auraient fait preuve de sa mauvaise foi. Sachant mieux que personne ce qui s'était passé, Breux s'est bien gardé de s'en déranger ; il est tranquillement resté chez lui.

Obligé pourtant par une dénonciation d'audience de reparaître devant la Cour, force a bien été à Breux de répéter à son défenseur qu'il n'avait ni lettre de change ni protêt à produire. Celui-ci ne pouvait donc plus douter de la mauvaise foi de son client. Il voyait clairement que sa demande, établie et fondée sur des titres qui n'existaient pas, devenait nulle de toute nullité. N'était-ce pas le cas, à cet avocat, de conseiller à Breux d'abandonner sa tentative d'escroquerie, et de signifier bien vite un acte de désistement? Tout autre avocat que M. Demesmay n'aurait-il pas donné cet avis?

M. Demesmay s'en est bien gardé ; il paraît au contraire qu'il aura dit à Breux : n'abandonnez rien ; tenez bon ; trouvez-moi seulement un écrit quelconque, souscrit par Grut, pouvant tenir lieu de la lettre de change, je me charge de le faire admettre, en remplacement, par la Cour.

Il paraît aussi que Grut avait retiré soigneusement toutes ses signatures et tous ses effets des mains du sieur Breux, puisqu'il ne restait plus à ce dernier que la procuration dont j'ai déjà parlé, et dans un des coins de laquelle Breux avait logé, en vedette, un *B*, un *P*, et les quatre chiffres 1 2 4 1 fr. Il porte cette procuration à M. Demesmay, qui se charge de la faire passer pour un bon de 1,241 fr.

Cette procuration joue ici un rôle trop important, pour que je ne revienne pas sur son origine.

On a déjà dit, que lors du réglement de compte du 7 juillet 1813, Grut avait souscrit à Breux un effet de 500 fr. qu'il s'était trouvé lui redevoir pour solde. On a dit aussi que pour faire plaisir au sieur Grut, qui avait prétendu que la portion de maison qu'il m'avait vendue 4,000 fr., en valait bien davantage, je lui avais promis, en présence du sieur Breux, de la faire remettre aux enchères publiques, et que, si le prix dépassait les 4,000 fr., de lui en abandonner tout le surplus, gratuitement.

S'étant ressouvenu de cette promesse lors de la signature de l'effet de 500 francs, Breux exigea de Grut une procuration pour toucher de l'acquéreur futur de ma maison, *après qu'elle serait vendue*, la somme fixée sur l'effet, sans aucun retard, *à moins que la vente ne soit pas faite au comptant*, sauf à M. Breux, audit cas, à s'entendre avec l'acquéreur. Cette procuration, dont voici le texte, mot à mot, est écrite tout au long de la main de Breux et porte la même date que le billet du 7 juillet 1813.

A Dijon, le 7 juillet 1813.

Je soussigné et certifie que je donne plein pouvoir à M. Breux cadet, fabricant de draps à Dijon, que, d'après la vente de la maison rue d'Arènes, occupée par Belgirard (c'était le locataire principal), soit remboursé au présent porteur, la somme fixée sur l'effet (les 500 f.), sans aucun retard, à moins que la maison ne soit pas vendue au comptant, à charge par M. Breux de prendre des arrangements avec l'acquéreur.

Il approuve l'écriture ci-dessus, ne sachant que signer son nom.

Signé : GRUT.

Qui se serait jamais douté que cette pièce était un bon de 1,241 francs, un effet de commerce propre à remplacer une lettre de change protestée, et, en outre, assurée et renforcée d'une inscription hypothécaire ? Comme ainsi soit qu'un chat est un chat, je dirai toujours que cette procuration est une procuration. Dans un bon ou effet de commerce quelconque, on devrait au moins trouver la somme pour laquelle il est fait, écrite en toutes lettres ; on doit y trouver le nom du débiteur, le lieu où l'effet sera payable, l'époque à laquelle la somme sera exigée, etc., etc. Rien de tout cela ne se trouve dans cet écrit, parce que ces choses sont étrangères à une procuration ; aussi l'*approuvé* placé dans le bas, faisant corps avec la procuration, porte-t-il simplement ces mots : *approuvé l'écriture.* Il ne pouvait pas porter de somme, puisqu'il n'y en a pas dans le corps de l'acte.

Il est vrai que dans la détresse où l'avait jeté l'arrêt de la cour, Breux avait imaginé d'écrire dans le dessus du papier, à la suite de la date., ces six caractères *B. P.* 1,241, voulant faire croire que c'était un véritable *bon pour* 1,241 *fr.*; mais ce *bon pour*, cet *approuvé* ne s'écrivent jamais que quand il est question d'une somme déjà énoncée en toutes lettres dans le corps de l'écrit ; et ici, il n'y a ni somme, ni effet, ni billet; il n'y a qu'une procuration.

Autre chose : on ne voit jamais sur un effet négociable ou non, deux *bons* ou *approuvés*, de la part du même débiteur, et bien moins encore deux bons qui se contredisent; et ici, il y en aurait deux. Le premier, placé dans le bas et approuvant l'écriture, est suivi de la signature du sieur Grut, débiteur; il ne pouvait pas approuver des chiffres ni une somme, puisqu'il n'y en avait point dans le corps d'écriture; c'est là le *véritable*. Le second, placé en dehors de l'acte, dans un blanc trouvé tout au-dessus de la page, est sans paraphe ni signature de la part du Sʳ Grut; il porte, en chiffres, une somme de 1,241 francs, qu'on ne trouve nulle part ailleurs. Comme il ne confirme rien, et ne se rapporte à rien, c'est un hors-d'œuvre tout à fait insignifiant, à tel point qu'on ne pourrait pas même accuser Breux de falsification d'acte, puisque rien n'a été touché dans le corps d'écriture. D'ailleurs, ne devant plus à Breux, le 7 juillet 1813, que les 500 francs dont il lui a fait son billet pour solde (cela est encore répété par Breux dans sa quittance du 13 novembre 1813), comment croire que Grut lui aurait encore souscrit le même jour, un autre effet de 1,241 francs?

- Autre chose encore : supposons, pour un instant, que ce prétendu bon de 1,241 francs, ait été un bon véritable et parfaitement régulier, aurait-il jamais pu emporter hypothèque sur ma maison? aurait-il pu remplacer une lettre de change non reproduite, et tout au contraire, depuis long-temps payée, retirée et supprimée ? Breux pouvait-il me subroger dans des droits et hypothèques qu'il n'avait plus ? oserait-on dire, enfin, qu'il n'y a pas eu de novation dans toutes ces substitutions de titres?

Malgré toutes ces raisons, dont une seule aurait dû suffire à la Cour pour être convaincue que le prétendu bon de 1,241 francs, produit par l'avocat de Breux, n'était pas autre chose qu'une véritable procuration, M. l'avocat Demesmay, certain que la Cour, dont j'avais encouru l'animadversion pour m'être plaint d'un changement d'arrêt, l'écouterait favorablement, tandis qu'elle se tiendrait toujours en garde contre ce qui serait dit en ma faveur, fut-ce par M. l'avocat Drevon, qui était mon défenseur, et qui certes était au moins aussi véridique que celui qui avait accueilli le banqueroutier Breux; M. Demesmay, dis-je, est parvenu et a réussi à me faire perdre ce procès-là !

La Cour, revenant sur son arrêt du. . . . . et admettant comme valable le bon de 1,241 francs, qui n'est qu'une procuration, je le répéterais cent mille fois, a purement et simplement confirmé le jugement dont appel, duquel elle a ordonné l'exécution en me condamnant à tous les dépens.

Est-il donc permis, est-il délicat de la part d'un avocat assermenté, de faire ainsi passer pour un effet négociable et transmissible, une pièce d'écriture qui n'y ressemblait pas plus qu'une reconnaissance d'enfant naturel ou un testament ? N'est-ce pas abuser de la confiance trop grande que mettaient en lui MM. les conseillers devant lesquels il avait l'honneur de plaider ? N'est-ce pas impudemment tromper la Cour et compromettre sa dignité que d'en arracher ainsi un arrêt injuste, un arrêt qui a sanctionné une escroquerie ?

Cet arrêt, une fois obtenu, les sieurs Breux et Valinde se sont mis à poursuivre la licitation de ma maison contre madame veuve Blanchard, propriétaire de la seconde moitié ; je m'en suis rendu adjudicataire moyennant le prix de 7,200 francs ; moitié de cette somme a été par moi comptée à madame Blanchard ; mais j'étais tellement courroucé contre le susdit arrêt, que je ne voulus payer le sieur Valinde, cessionnaire de Breux, qu'autant qu'il me représenterait les titres en vertu desquels j'avais été poursuivi, je veux dire la lettre de change, le protêt qui s'était ensuivi d'après Breux, et l'acte en dation d'hypothèques : je fis une offre réelle ainsi motivée, par exploit du 27 juillet 1849, en ajoutant que, payant la dette d'un tiers, ces titres m'étaient nécessaires pour exercer mon recours contre les héritiers Grut ou tout autre.

Cette offre ayant été refusée, je citai, devant le tribunal, les sieurs Breux et Valinde, pour la voir déclarer bonne et valable ; mais tandis que l'affaire était pendante, il est survenu un incident dont je dois rendre compte.

INCIDENT.

Ne m'étant plus permis de douter que Grut avait retiré sa lettre de change en payant le sieur Breux (l'impossibilité où avait été celui-ci de produire cette lettre de change devant la Cour, malgré l'arrêt qui l'y avait

condamné, avait changé mes doutes en certitude),
j'avais prescrit, à Grenoble, de nouvelles recherches
dans la maison qu'avait quittée Grut, pour courir aux
armes en 1814 ; je tenais à vérifier, dans ses papiers,
si on ne retrouverait pas cette fameuse lettre de change;
j'aurais tant voulu pouvoir confondre mon fripon, en
produisant cette pièce à la barre de la Cour.

Ces nouvelles recherches ne furent pas tout-à-fait
sans résultat, car au bout de quelque temps, je reçus
de M. Accarias, mon beau-frère, alors président du
tribunal de commerce de Grenoble, un assez gros paquet
de papiers inutiles en grande partie, trouvés dans l'an-
cienne demeure de Grut. Je me hâtai d'ouvrir ce paquet ; mais au lieu de la lettre de change que je cher-
chais, j'y trouvai une quittance datée du 13 novembre
1813, écrite et signée de la main de Breux : par cette
quittance, Breux déclarait avoir reçu de Grut la somme
de 50 fr. pour solde du billet de 500 fr., qui demeurait,
porte la quittance, annulé ainsi que la procuration que
Grut lui avait signée le même jour, 7 juillet 1813, ces
deux pièces se trouvant égarées.

Cette quittance prouvait bien mieux encore qu'il
n'était rien dû à Breux, et que celui-ci, conséquemment, n'avait rien pu céder sur Grut au sieur Valinde,
valablement ! Je pris donc le parti de la faire signifier
au sieur Valinde par exploit du 16 novembre 1820 ;
mais ce fut un coup de foudre pour ce dernier ; cette
nouvelle le rendit furieux; il ne mit pas en doute que
cette quittance était un faux matériel, commis par moi
ou par mes ordres, dans un pays ou dans un autre ; il
en écrivit d'abord à Grenoble, ensuite à Dijon, à Lyon,
et même jusqu'à Paris.

À l'audience, son avocat (toujours M. Demesmay), jeta feu et flamme ; il ne s'agissait plus de la prison et du stellionnat comme la première fois ; ici, c'était un faux caractérisé, un cas d'assises, le bagne, la marque, que sais-je ? Son grand cheval de bataille était que M. le président du tribunal de Grenoble avait répondu à M. Valinde, *qu'il ne se rappelait pas l'époque où il avait adressé cette pièce à M. Renaud*. Belle raison. Si, dans la lettre de demande, M. Valinde avait parlé à M. le président de l'envoi d'un paquet de papier, d'une espèce de ballot, mon beau-frère s'en serait fort bien ressouvenu, mais il ne se rappelait pas de m'avoir envoyé une quittance isolée, et ce n'est pas étonnant, puisqu'il ne m'en avait point envoyé ainsi. Ce défenseur n'en demanda pas moins la mise en cause du président du tribunal de commerce de Grenoble. M. Valinde ayant dénié les écrits et signature de la quittance signifiée et par lui prise antérieurement en communication, son avocat en demanda la vérification par experts, etc. Tout leur fut accordé, les experts atramentaires furent nommés : c'étaient MM. Belamy, notaire, Gaudignon, greffier, et Arbaud, professeur d'écriture.

Mais en appel, ce ne fut plus cela. Les emportements du sieur Valinde s'étaient apaisés : il avait eu le temps de réfléchir. Il reconnut que la quittance avait été réellement écrite et signée par le sieur Breux ; il se désista de la disposition du jugement qui l'autorisait à appeler dans la cause M. le président du tribunal de Grenoble. Mais, changeant de batterie pour prendre une toute autre marche, l'avocat Demesmay se prit à dire que, d'intelligence avec le sieur Breux, c'était moi qui lui avait fait écrire et signer la quittance de 50 fr. pour être dis-

pensé de compter à M. Valinde la somme litigieuse qu'il s'était fait céder. Mais il ne suffisait pas de cette simple allégation, il eut fallu des preuves positives et il n'en fournissait pas ; et, lors même que le sieur Valinde eut pu en fournir, ne me serait-il pas resté le droit, en ce cas même, de soutenir qu'il n'y aurait eu là rien que de très permis, puisque l'art. 1691 du Code, porte textuellement « que si, avant que le trans-
» port ait été signifié au débiteur, celui-ci avait payé
» le cédant, il sera valablement libéré. » Or, aucune signification n'avait été faite au véritable débiteur qui était Grut; étant bien prouvé d'ailleurs, par ce qui a été dit, que je ne devais rien à Grut, rien à Breux, rien à Valinde auquel Breux n'a pas pu transmettre valablement une créance qui n'existait pas ; étant prouvé que c'était une véritable escroquerie que Breux me faisait judiciairement, quel grand mal y aurait-il eu que j'eusse cherché, audit cas, à n'être dupe que de la plus petite somme possible ? Mais ce n'était de la part du sieur Valinde, que de simples allégations, hasardées par son avocat.

C'est probablement Breux, son digne acolyte, qui lui aura fait l'aveu que c'était bien lui, Breux, qui avait écrit et signé la quittance; mais, du coup, craignant d'être arrêté comme escroc, Breux a quitté le pays et oncques on ne l'a revu ; c'est par défaut contre lui qu'a été rendu le dernier arrêt.

Tout cela n'a pas empêché l'avocat Demesmay, aidé de ses dénigrements ordinaires, d'obtenir un arrêt définitif, qui m'a condamné à payer au sieur Valinde la somme entière à lui cédée par Breux, même sans déduire les cents francs qui en revenait à ce dernier, d'après le même arrêt. Je suis condamné aussi à supporter tous les dépens, même ceux du sieur Breux, nonobstant tous ses torts.

C'était cependant une belle occasion de réparer l'injustice, ou, si l'on veut, l'erreur que la Cour avait commise, en m'obligeant d'accepter une procuration pour un bon de 1,241 fr., propre à équivaloir et à remplacer une lettre de change non égarée, non perdue, mais soldée et retirée par le débiteur depuis plusieurs années. La Cour pouvait fort bien redresser cette erreur, sans revenir sur sa décision première ; il lui aurait suffit d'admettre la quittance pour solde, découverte après le prononcé dudit arrêt ; cette décision, de toute justice, se serait trouvée basée sur l'art. 1691 du Code civil, tandis qu'on ne voit pas, ou très difficilement, sur quoi est fondé son dernier arrêt. Mais au lieu d'en avoir agi ainsi, au lieu d'avoir redressé une bévue, la Cour a préféré ajouter foi pleine et entière, comme la première fois, à tout ce que lui débitait l'avocat adverse.

Je m'étais pourvu en cassation contre cet arrêt, mais comme il ne s'agissait que d'appréciation de faits, ma demande a été rejetée.

En réunissant au capital payé au sieur Valinde et aux dépens dont il s'agit ici, les frais des jugements et arrêts préparatoires et interlocutoires, ceux de l'instance en partage et licitation de la maison, ceux des errements de procédure dont je n'ai pas parlé, des mémoires imprimés, du pourvoi en cassation, etc, etc., cette affaire, comme celle avec les Cretin, me coûte aussi 5,000 fr. pour le moins.

Voilà donc 10,000 fr. qui ne seraient jamais sortis

de ma poche, si l'avocat de mes parties adverses se fut rencontré être un homme consciencieux et de bonne foi.

Ne vous semble-t-il pas, comme à moi, mes chers enfants, que cette admonition de 10,000 fr. aurait dû être suffisante pour avoir osé me plaindre d'un abus de confiance sans exemple et d'un changement d'arrêt rectifié plus de deux mois après qu'il avait été rédigé, expédié, enregistré et signifié à avoués et aux parties ?

Eh bien! ces MM. n'ont point été satisfaits, leur rancune a survécu : chaque fois que M. Demesmay a pu attraper une cause à plaider contre moi, il s'en est réjoui ; son plaisir était de poursuivre sa vengeance en continuant à me dénigrer devant les tribunaux et à me faire perdre mes procès *per fas et ne fas*. D'un autre côté, chaque fois que l'occasion s'en est présentée, la Cour royale, ou plutôt ceux de MM. les magistrats qui m'ont pris en aversion, n'ont jamais manqué d'en profiter, pour me faire sentir que je n'étais pas le plus favorisé de leurs amis. Je vais vous citer quelques-unes de ces particularités, en commençant par celle qui viennent de M. l'avocat :

1° Ayant accepté sous bénéfice d'inventaire, en 1822, la succession de mon père, ancien percepteur à Burgille, à cause d'un seul créancier, auquel, pour notre malheur, on avait indiqué pour conseil M. l'avocat Demesmay, nous eûmes à rendre un compte bénéficiaire qui fut vivement contesté par cet avocat.

Comme en fait de compte, on ne peut plaider que par écrit, et que M. Demesmay connaissait cet adage : *Verba volant, scripta manent*, il avait cherché, dans ses écritures, à contenir sa plume acerbe autant que possible;

aussi ses injures furent-elles moins incisives qu'à l'ordinaire; cependant la Cour les ayant encore trouvées intolérables, en a ordonné la suppression au greffe, aux frais de son client. Qu'eussent-elles été, je le demande, si, comme les autres fois, l'avocat aux injures eut eu ses coudées franches pour les débiter à la barre? Je n'en citerai qu'une dont le cynisme m'a révolté :

Dans les villages, comme chacun le sait, l'usage a toujours été d'offrir la réfection aux parents de dehors qui viennent à l'enterrement et même aussi aux parents de l'endroit, et que le mémoire du boucher entre dans les frais funéraires; eh bien! à l'occasion de cet article, alloué par la Cour, bien entendu, M. Demesmay a eu l'infamie de dire que cette viande avait servi au festin que nous avions donné en réjouissance de la mort de mon père!!!

Il eut été difficile que dans ma réponse à une pareille atrocité, je n'employasse que des expressions mesurées et polies; aussi, pour être toujours dans le vrai, je dois ajouter que la Cour, par son même arrêt, a prescrit la suppression des termes désobligeants que pouvait contenir la réplique.

2° Depuis long-temps lié d'amitié avec M. Dutailly, propriétaire et maire de la commune de Vezet, je lui avais raconté plutôt dix fois qu'une, la conduite indigne de l'avocat Demesmay à mon égard ; n'ayant pu nous entendre, M. Dutailly et moi, à l'occasion du compte que nous avions à régler ensemble, M. Dutailly se hâta d'aller prendre des avis auprès de M. Demesmay, mon ennemi déclaré. Celui-ci lui conseilla de m'assigner de suite en reddition de compte, en lui promettant de se charger de cette affaire.

Mon compte fut bientôt dressé et signifié; on y voyait que M. Dutailly était mon redevable d'une somme assez forte; mais dans les contredits écrits de la main de M. Demesmay, celui-ci a prétendu, au contraire, que c'était moi qui redevais à M. Dutailly, et que je ne lui redevais pas moins de 27,098 francs. Après ma réplique, l'avocat soutenait encore que j'étais redevable d'une somme de 9,328 francs. Mais le tribunal, ayant reconnu la mauvaise foi qui régnait dans toutes ces prétentions, au lieu de me déclarer reliquataire de 9,328 francs, a condamné M. Dutailly à me payer, frais compris, une somme de 4,300 francs, qu'il s'est empressé de m'apporter le même jour, en acquiesçant, bien vite, au jugement duquel il n'était pas tenté d'appeler. Il paraît qu'il en avait assez comme ça, de son avocat Demesmay.

Je dois faire remarquer ici, et à dessein, que dans cette affaire, M. Demesmay, fondé sur l'article 1356 du code civil, a plaidé que l'aveu judiciare fait par la partie, ne pouvait pas être divisé contre elle; qu'il fallait l'admettre ou le rejeter dans son entier. J'avais cru bonnement qu'il ne parlait ainsi que parce que c'était le texte formel de la loi, mais je me trompais singulièrement; il plaidait ainsi parce que ce texte tournait contre moi et était en faveur de son client. Vous allez voir dans l'article suivant, ce même avocat plaider et soutenir tout le contraire, parce que cette fois, ce même texte de l'article 1356, serait tourné à mon avantage.

3° J'avais géré les affaires de Mme. de Boussières, la mère, pendant 25 ans environ, toujours parfaitement contents l'un de l'autre.

Contrairement à ce qui se pratique maintenant, quand on m'apportait des fonds à placer, j'en donnais un *habeo* ou récépissé, sauf à le retirer en remettant la grosse hypothéquée ; mais j'oubliais souvent de reprendre cette reconnaissance ; il m'est arrivé plusieurs fois d'en retrouver, après longues années, dans les papiers d'un prêteur décédé, en faisant l'inventaire au domicile mortuaire. Un reçu de 6,000 francs et une note de ma main, portant, je crois 7,000 francs, avaient été ainsi oubliés chez madame de Boussières ; son fils les ayant trouvés dans les archives de madame sa mère, crut devoir m'en réclamer le montant, en débattant le compte qu'il m'avait forcé de lui rendre en justice, toujours conseillé par l'inévitable avocat Demesmay.

Comme j'avais touché plusieurs sommes à madame de Boussières sans en avoir donné de reçu, et que je lui en avais remis aussi quelques-unes sans en tirer de quittance, j'avais tout porté dans mon compte ; ce que j'avais touché, sans quittance, excédait de beaucoup ce que j'avais remis sans reçu ; j'aurais eu à gagner en ne portant rien de cela sur mon compte ; mais ce n'est point ainsi qu'un honnête homme en agit ; je connaissais d'ailleurs l'indivisibilité de l'aveu judiciaire que j'avais entendu professer par l'avocat Demesmay, dans l'affaire Dutailly. Mais ici, ce n'était plus cela ; dans l'affaire Dutailly, la question de l'indivisibilité de l'aveu tournait à mon préjudice, tandis que dans celle-ci, la même question tournait en ma faveur, et au préjudice du client de M. Demesmay, et ce n'est pas du tout ce qu'entendait ce dernier. Changeant donc sa doctrine et prenant la thèse contraire, il a soutenu cette fois que l'aveu fait par moi dans mon compte devait être divisé; aussi ses conlusions tendaient-elles à ce que je fusse déclaré reliquataire d'une somme de 18,918 francs. Le tribunal, moins sévère, a reconnu que je ne redevais que 2,954 francs 80 cent., réduits, après rectification de quelques erreurs, à 1,568 francs 96 centimes. Je me serais trouvé créancier si, au lieu d'avoir déféré le serment à M. de Boussières sur une somme de 2,500 francs, qu'en sa présence Mad. sa mère, au lit de la mort, avait déclaré m'appartenir, j'eusse pris acte de cette déclaration, acceptée alors par le fils; mais je n'avais pas pris la précaution de le faire signer.

De la part de Messieurs les magistrats de la Cour royale et du parquet.

1° J'avais cru l'affaire Thiébaud, dont je vous ai déjà parlé dans le procès des Cretin, complètement terminée, justifiée et oubliée pour jamais; mais je me trompais, je n'en étais pas quitte encore.

Après l'installation de M. de Saint-Marc comme procureur général près la Cour royale de Besançon, on lui avait rapporté, non pas que j'avais été simplement rappelé à l'ordre pour n'avoir déclaré que la moitié de ce que j'avais à dire au fils Thiébaud, quand j'allais demander au parquet mon permis d'entrer dans sa prison, *mais bien que j'avais été censuré pour avoir cherché à subtiliser au fils Thiébaud une reconnaissance d'enfant naturel, en l'engageant à signer un acte écrit d'avance et préparé à cet effet.*

J'avais été mandé, quelque temps après, au parquet de M. le procureur général, voici à quelle occasion:

On m'avait dit que M. Virvaux, autrefois avocat, assez déplaisant au barreau de Besançon, devenu juge au tribunal civil de la ville de Gray, faisait des démarches pour passer juge au tribunal de première instance de Besançon. N'ayant pas su se faire aimer, on craignait beaucoup de le voir nommer par M. le garde-des-sceaux, auprès duquel on le disait fortement appuyé.

Nous avions été injuriés, par cet avocat, M. Ethis père et moi, à l'occasion d'un arbitrage que nous avions fait ensemble. Ces injures par nous dédaignées, d'abord, se trouvaient contenues dans un exploit écrit tout au long de la main de M. Virvaux. Quand j'eus connaissance de ses démarches, dans l'intention de les faire échouer, et conseillé par plusieurs de mes amis, j'avais adressé ma plainte contre le sieur Virvaux, à M. le garde-des-sceaux, qui l'avait renvoyée à M. le procureur général.

C'est à cette occasion que j'avais été mandé au parquet, et que M. de Saint-Marc me reprocha d'avoir été censuré par la chambre de discipline pour avoir cherché à surprendre une signature au fils Thiébaud. M. le procureur général avait pris un ton impérieux et menaçant, en ajoutant que, pour ma tranquillité, il me conseillait de retirer la plainte que j'avais portée contre le sieur Virvaux.

Ma réponse fut que je tenais fort peu à la plainte et que je l'abandonnerais bien volontiers, mais que tout ce qu'on lui avait rapporté relativement à la prétendue censure qui m'aurait été infligée par la chambre des notaires, était de toute fausseté. J'ai voulu essayer de lui expliquer ce qui s'était passé concernant Thiébaud ; mais comme M. de Saint-Marc semblait y donner peu d'attention, je préférai recourir au très respectable M. Clerc père, alors premier avocat-général, que j'avais l'honneur de connaître depuis long-temps. Je racontai ce qui s'était passé à ce digne magistrat et lui remis le registre des délibérations de la chambre de discipline, pour qu'il voulut bien le faire voir à M. de Saint-Marc, afin de le détromper. Effectivement, M. le procureur général fut pleinement satisfait à la lecture de la délibération ; je n'en renonçai pas moins à ma plainte contre M. Virvaux qui, cependant, ne fut pas nommé à Besançon.

2° Présenté par les notables du canton-nord de la ville de Besançon pour occuper la place de suppléant de la justice de paix du même canton, et nommé tel par le premier consul, j'en remplissais les fonctions purement honorifiques depuis plus de quinze années, quand j'appris tout à coup que je venais d'être remplacé. Curieux de savoir si le tribunal civil y était pour quelque chose, si, au vœu de la loi, il avait présenté des candidats et donné son avis, j'allai aux informations et je sus que tout venait de la Cour royale.

3° En 1825, un créancier de feu M. le conseiller Briot, auquel il était dû 20,000 francs, m'avait chargé de le représenter à l'inventaire et à la vente du mobilier de la succession. Mes vacations étaient aux frais de la succession (art. 932 du Code de procédure) ; elles ne sont aux frais de la partie que lorsque l'opposant a des intérêts différents des autres (art. 933). En outre, le créancier que je représentais était seul opposant ; aussi, l'avoué de la succession m'avait-il fait payer par le commissaire-priseur sans la moindre objection ; mais, peu à près, M. le président Bourqueney me fit dire d'avoir à rendre ce que javais reçu, sans quoi il saurait bien m'y forcer. Comme je craignais beaucoup ces messieurs de la Cour royale, je rapportai la somme reçue sans mot dire.

4° On m'a toujours assuré que M. le premier président était un de ceux qui m'avaient pris le plus en aversion. Depuis un temps infini mon nom avait cessé de paraître dans l'urne de MM. les jurés; je me trouvais exclus des assises. Un jour, au casino des anciens, en présence de trois ou quatre membres du cercle, un ami officieux, sans en avoir été prié, parle de l'intention où il était de me présenter, après qu'il aurait obtenu mon consentement. Une seule voix se fit entendre pour dire que si l'on me présentait, il voterait contre moi. Cette voix était celle de M. Alviset.

Fortement ennuyé de toutes ces tracasseries aussi désobligeantes qu'imméritées, je pris le parti de quitter le notariat, pensant que, n'étant plus en place, ne me rencontrant plus sur leur chemin, ces MM. me laisseraient tranquille ; ce n'est pas que je n'eusse pu exercer encore pendant dix ans et plus, puisque alors je n'avais pas 60 ans. Mais trop tourmenté par tous ces genres de vexations, je me suis résigné à traiter de mon étude. C'est en 1829 que j'en fis la cession à M. Dumay, encore aujourd'hui mon successeur, moyennant 45,000 fr.; dix-huit mois plus tard, j'en aurais eu couramment 100,000 fr. On sait comme les études avaient augmenté après 1830. J'ai perdu au moins 50,000 fr.

En croyant qu'on ne songerait plus à moi, je m'étais trompé encore, comme on va voir :

Après sa nomination, mon successeur alla faire sa visite à M. le procureur du roi, qui était alors M. David. Voici le compliment que lui fit ce dernier et qui était indirectement à mon adresse : *J'espère Monsieur, que vous vous conduirez mieux que votre prédécesseur.*

On avait fait sans doute à M. le procureur du roi, le même rapport qu'à M. le procureur-général Saint-Marc, et personne encore ne l'avait détrompé.

FAITS PLUS RÉCENTS.

Premièrement.

Dans une instance en réglement de compte, terminée devant la Cour royale en 1836, le tribunal de première instance avait déclaré le sieur Jeannot, comme tuteur de ses enfants mineurs, reliquataire envers moi d'une somme de 9 fr. 01 c. et l'avait conséquemment condamné aux frais. Mais sur l'appel émis tant par lui que par le sieur Ferniot, ex-receveur des octrois, devenu son gendre, la Cour a déclaré, tout au contraire, que c'était moi qui redevais 13 fr. aux appelants, et partant de là, elle m'a condamné à tous les frais tant d'instances que d'appel, se portant à 900 fr. environ.

Voici comment on est parvenu à me trouver reliquataire de 13 fr. ; il a fallu rejeter l'art. 9 de ma dépense

portant 16 fr. 35 c. que j'avais payés à différents notaires, pour coût de trois expéditions absolument nécessaires, après le décès de M. le docteur Bellegingue, pour prouver que son épouse, dont les enfants Jeannot étaient héritiers, avait à prélever une somme de 20,527 fr. pour prix de ses propres aliénés, et qu'il n'était dû aucun droit de mutation pour cette somme.

Cette petite somme de 16 fr. 35 cent., toute minime qu'elle était, était très significative dans la circonstance, à cause des 900 fr. de frais qui devaient suivre. C'était le cas ou jamais d'y regarder de très près. Ce n'est pas ce qu'a fait la Cour royale; car cet article a été rejeté, malgré qu'il n'avait point été contredit, et que, tout au contraire, le sieur Jeannot l'avait passé dans ses écritures, et spécialement dans une note écrite de sa main, produite en instance et en appel, et qui est encore en ma possession ; et malgré que dans leurs conclusions en appel MM. Jeannot et Ferniot n'aient demandé le retranchement que de, 1° 40 fr. 50 cent. sur l'art. 8, et 2° de 27 fr. 70 cent., montant de l'art. 12. Total 68 fr. 20 cent.

Cette erreur, si c'en est une, m'aura coûté 900 fr.

Je dirais bien encore que les 297 fr. que j'avais payés à la régie pour M. Jeannot, auquel je devais 2,400 fr. portant intérêt, devaient être déduits de ce capital, du jour du paiement que j'en avais fait, et que les intérêts ne devaient plus être comptés que sur 2,103 fr. au lieu de 2,400 fr., ce qui aurait augmenté ma créance encore de 27 fr. 22 cent. La Cour n'a pas jugé à propos d'en agir ainsi quand elle a refait le compte.

Mais il m'aurait suffi pour être maintenu créancier

des appelants, de n'avoir pas rejeté d'office les 16 fr. 35 cent., desquels déduction faite du réliquat de 9 fr. fixés par les premiers juges, il serait resté encore 7 fr. 35 cent. dont j'aurais été créancier. Et cela eut suffi pour que je ne fusse pas passible des frais.

Dès le lendemain de cet arrêt, j'ai protesté contre, en écrivant à MM. les conseillers qui l'avaient rendu, que je mettais sur leurs consciences les 900 fr. que je n'aurais jamais dû payer.

Deuxièmement.

Ma plainte contre l'avoué Sauzay, de Gray.

Une petite rente au capital de 300 fr. m'était due par un sieur Gay, marchand de parapluies à Gray ; elle se trouvait faire partie d'un acte de transfert passé par le gouvernement français, au profit de M. Roulet de Mezerac, de Neuchâtel, en Suisse, aux droits duquel je me trouvais, mais dont j'avais conservé le nom et poursuivais les rentrées avec sa procuration.

Depuis long-temps, ce capital était devenu exigible à défaut par le débiteur d'avoir servi la rente depuis plus de deux ans. J'en demandais le paiement au sieur Gay, quand, en 1832, il vint me prier de vouloir bien attendre le capital au décès de sa belle-mère, usufruitière de la maison hypothéquée à la rente ; j'y consentis bien volontiers, je lui en fis même la promesse par écrit.

Après le décès de cette belle-mère arrivé dix à douze ans plus tard, j'écrivis au sieur Gay que le terme étant arrivé, il fallait me rembourser le capital et payer quatre années d'intérêts arriérés ; il me demanda un nouveau délai que j'accordai encore.

Ce nouveau délai expiré, je demandai au sieur Gay l'exécution de ses promesses ; mais au lieu de me répondre directement, il me fit écrire par un avoué de Gray, une lettre passablement malhonnête ; il fallait d'abord et avant tout, le satisfaire sur huit choses qu'il exigeait par sa lettre, laquelle finissait par me porter le défi d'entreprendre des poursuites, contre lui, qu'il m'attendait de pied ferme, etc.

J'adressai alors la grosse de la rente à l'avoué Sauzay, afin d'en poursuivre le remboursement. L'avoué Sauzay fit faire un commandement en tête duquel fut signifiée la grosse de la rente et même encore, surabondamment, un extrait de l'acte de transfert qui comprenait, en outre, trente-cinq autres rentes. On ne pouvait pas faire la saisie réelle avant trente jours, ni après trois mois, date du commandement. Mais tandis que ces délais s'écoulaient, le sieur Gay voyait souvent mon avoué, ils s'étaient liés ensemble. Pour ajourner ou ne pas faire la saisie-réelle, M. Sauzay me faisait mille objections, jusqu'à me dire qu'il n'était pas possible d'aller avant sans avoir entre les mains l'acte de transfert ; pour le forcer à agir il me fallut lui en donner l'ordre formel par une lettre où je protestais de lui faire supporter tous les frais, avec dommages-intérêts, s'il laissait passer les trois mois sans exécuter la saisie-réelle. Je chargeai ma lettre, qui fut inscrite sur le livre portatif de la poste, afin d'en avoir un reçu de l'avoué Sauzay sur le même registre.

Crainte d'en être pour les frais, l'avoué fit faire la saisie-réelle, mais il voulut prendre sa revanche d'une autre manière; voici ce qui arriva : parfaitement d'accord entre eux, les susdits Sauzay et Gay dressèrent le compte de tout ce qui était dû en capital, en intérêts et en frais; le tout se porta à la somme de 496 fr. 49 cent. Cela fait, l'avoué Sauzay m'écrit le trois juin 1845, que la veille, Gay s'était présenté en son étude pour lui dire qu'il allait signifier une offre réelle; que, néanmoins, il lui remit l'argent pour rester entre ses mains, jusqu'à ce que j'aie envoyé l'acte de transfert.

Le 5 juillet suivant, le même avoué m'écrit que Gay entend qu'on lui donnera quittance des intérêts et des frais, et qu'on lui accordera un an pour rembourser le principal; ce qui prouverait assez qu'il n'y avait point eu d'argent déposé. Le 29 du même mois, il m'écrit encore pour me dire que toutes les poursuites en expropriation ont cessé par suite du paiement. Il considérait ce prétendu dépôt de 496 fr. 49 cent. comme un paiement régulièrement fait, sauf à moi à ne pas toucher un centime avant de m'être soumis à exécuter toutes les conditions qui leur plairait de m'imposer. Ils croyaient si bien me faire la loi, que le 6 septembre suivant, mon avoué, qui devait être à mes ordres et me faire passer l'argent qu'il avait reçu pour moi et que je ne cessais de lui demander, m'écrit que le débiteur Gay ne veut compter les intérêts qu'au deux pour cent.

Je tenais tellement à en finir de cette misérable affaire, que, dans mes lettres à l'avoué, j'offrais au sieur Gay, pour garantie, qu'il ne serait jamais recherché à l'occasion du transfert dont je ne pouvais pas me dessaisir ; je lui offrais de me porter personnellement fort : 1° de la solidité des paiements ; 2° de la communication du transfert, s'il le fallait jamais ; 3° de la restitution de la somme, etc., etc. J'offrais de lui fournir telle caution qu'il voudrait ; enfin, dans une de mes lettres, je lui disais, pour le mettre dans tous ses torts, que ma garantie seule pourrait bien lui suffire ; que j'étais propriétaire à Burgille et électeur ; que j'avais dix mille francs de rente, et je ne sais quoi encore ; car je faisais tout ce que je pouvais pour lui persuader qu'il ne courrait aucun danger en m'envoyant mon argent. Dans le fait, la remise seule de la grosse quittancée suffit au débiteur pour être à l'abri de toutes recherches.

Ne pouvant rien gagner sur ces deux entêtés, je ne crus pas encore devoir porter ma plainte à M. le procureur général, contre l'avoué Sauzay, sans l'en avoir prévenu par une lettre que je lui écrivais le 16 septembre 1845. Par cette lettre, je l'engageais de rechef à me donner l'argent qu'il avait reçu pour moi, ou à continuer à poursuivre la vente de la maison saisie.

N'ayant toujours rien obtenu, je portai ma plainte à M. le procureur général, non pas pour qu'il sévisse contre cet avoué, mais pour qu'il le fasse agir et remplir ses devoirs.

Eh bien, mes enfants, c'est encore moi qui ai eu tort et le plus grand tort. Je me suis fort mal conduit ; je suis un homme de la plus insigne mauvaise foi ; je ne cherche qu'à ruiner les malheureux : pour cela, j'écris à mon avoué que j'ai 10,000 fr. de rente, etc. ; mais je m'explique.

M. le procureur général s'étant trouvé absent, c'est

M. Choupot, premier avocat-général, qui a reçu cette plainte; il l'adressa de suite à M. le procureur du roi près le tribunal civil de Gray, pour prendre des informations sur son contenu; j'étais à en attendre la réponse, lorsqu'un jour, montant la Grande-Rue en compagnie d'un ami, je rencontrai M. Choupot, qui était aussi en compagnie; il m'aborda pour me dire publiquement, avec un air mécontent et le ton du reproche : Monsieur, j'ai reçu la réponse de Gray; vous vous êtes très mal conduit! Venez demain matin au parquet, je vous ferai voir la lettre de M. le procureur du roi de Gray.

Le lendemain, M. Choupot me donna lecture de plusieurs passages de cette lettre dont deux seulement sont restés dans ma mémoire : 1° M. Renaud est un homme de la plus insigne mauvaise foi; 2° il ne cherche qu'à ruiner les débiteurs malheureux, et pour les obliger à céder par la peur, il écrit à son avoué qu'il les lassera, ayant 10,000 livres de rente. C'est là, du moins, ce que j'ai pu retenir d'une lecture faite assez rapidement. Après cette communication insuffisante, car on aurait dû me donner copie de la lettre, ou du moins des passages me concernant, M. Choupot me répète que je me suis fort mal comporté, que j'ai eu tous les torts et que déjà la Cour n'était pas si contente de moi. J'aurais bien répondu : « Ni moi d'elle; on en a vu quelque chose. » Mais je me suis borné à essayer d'expliquer tant bien que mal ce que je viens de rapporter ; mais cette réponse de Gray, la malveillance avec laquelle elle avait été écrite, m'avaient tellement interdit et indigné, que je ne savais plus ce que je disais.

M. Choupot finit par m'engager à terminer cette

affaire avec l'avoué, comme si cela eût dépendu de moi, à moins que je n'aie consenti à subir ses lois et les conditions qu'il m'imposait. Je tentai cependant d'écrire encore une dernière lettre; mais, fort de l'injuste appui de M. le procureur du roi, le débiteur Gay et l'avoué Sauzay se réunissent pour me faire une réponse collective, datée du 31 mars 1846 et signée des deux. Par cette lettre, et sans se désister de leurs autres prétentions, Gay consent que je ne me dessaisisse pas de la minute de mon acte de transfert, puisqu'il a pour objet trente-six rentes perpétuelles au lieu d'une seule; mais à condition que j'en ferai le dépôt en l'étude d'un notaire; que le rachat de la rente sera émargé sur l'acte de transfert en présence de ce notaire, et que, du tout, il serait fait mention dans la quittance à faire.

Ayant rejeté ces nouvelles propositions, soit parce que je voulais conserver la minute du transport, soit à cause des frais que cela eût occasionné et notamment du coût de l'expédition fort longue de l'acte de transfert, laquelle me fut devenue indispensable, j'avisai un autre moyen qui m'a réussi sans le secours du ministère public. J'aurais bien dû y songer plutôt. J'ai tout simplement chargé un fondé de pouvoirs d'aller chez l'avoué Sauzay, retirer les pièces du procès, lui payer ce qui lui serait dû et lui donner décharge du tout.

S'étant bien douté qu'une fois retirées, ces pièces allaient être remises à un autre avoué pour recommencer les poursuites, ou reprendre celles abandonnées, le tout aux périls et risques de qui de droit, notre avoué Sauzay s'empressa d'envoyer l'argent qu'il retenait si injustement et depuis si longtems, à M. l'avoué Cachot, son confrère, à Besançon, et de m'en informer ; aussi peu après l'affaire fut terminée.

Cette interprétation mensongère des lettres que j'avais écrites à l'avoué Sauzay, de la part d'un procureur du roi qui sait lire, mais qui a cru fort inutile, avant de me juger comme il l'a fait, de me donner connaissance de ce que cet avoué avait répondu à ma plainte, m'avait tellement surpris et révolté que j'ai voulu savoir quel était ce magistrat dont j'ignorais le nom. Mais du moment qu'on m'eût appris que c'était le fils de M. le premier président Alviset, mon étonnement cessa.

Vous venez de voir, mes chers enfants, une partie des injustices auxquelles nous sommes exposés dans ce bas monde : je ne devais pas vous les laisser ignorer.

Soyez honnête homme comme cela doit être ; aimez à obliger et à rendre service à votre prochain ; ayez exercé pendant 24 ans les fonctions honorables de notaire de 1re classe ; ayez rédigé 12,000 actes authentiques sans que jamais aucun ait donné lieu à la moindre plainte ; ayez fait partie des dignitaires de la Chambre de discipline pendant tout ce temps, sauf les années d'interruption prescrites par la loi (une année sur quatre) ; ayez été promu à la dignité de notaire honoraire par l'assemblée générale des notaires de l'arrondissement ;

ayez rempli pendant quinze années les fonctions gratuites de suppléant de la justice de paix du canton-nord de Besançon, sur la présentation faite au premier Consul par l'assemblée des notables de ce même canton; ayez été ensuite nommé maire de votre commune et mérité, par votre bonne administration, une lettre extrêmement flatteuse de la part du premier magistrat du département du Doubs, etc., etc.; tout cela ne vous comptera pour rien; ce sera pure niaiseries à côté des dires d'un avocat tel que M. Demesmay, discret, retenu, bienveillant et surtout véridique. N'a-t-on pas vu qu'il ne mentait jamais? que jamais il ne soutenait une mauvaise cause? qu'il n'employait jamais que des procédés irréprochables, honnêtes et délicats? Pourquoi la Cour ne l'aurait-elle pas cru sur parole?

Voyons cependant le tort que m'a fait ce citoyen :

1° Son abus de confiance dans l'affaire des Cretin m'a couté en capital, frais et dépens, ci 5,000 fr.

2° Dans l'affaire Breux, auquel il n'était plus rien dû, son adresse à me faire condamner sans aucun titres, m'a fait perdre pareille somme de   5,000 fr.

3° Enfin, comme je l'ai dit, j'ai perdu 50,000 fr. pour avoir cédé mon étude prématurément, parceque, continuellement inquiété par les magistrats que cet avocat m'avait mis à dos, je n'y tenais plus, ci   50,000

Total 60,000 fr.

Il est très certain que si l'avocat Demesmay ne s'était pas trouvé là pour mon malheur, j'aurais 60,000 fr. de plus dans ma fortune, et certes ce n'est pas rien.

Comme vous êtes quatre, mes chers enfants, ce sera chacun quinze mille francs que vous trouverez de moins dans ma succession.

BESANÇON, IMPRIMERIE DE Wᵉ CH. DEIS.

www.ingramcontent.com/pod-product-compliance
Lightning Source LLC
LaVergne TN
LVHW051514090426
835512LV00010B/2523